Alexander Grimm

Zwischen Gottes Gericht und irdischem Strafrecht

Strafe und Buße in Lebensbeschreibungen ottonisch-salischer Reichsbischöfe. Eine Studie zu den Wurzeln des modernen Strafrechts

Alexander Grimm

ZWISCHEN GOTTES GERICHT UND IRDISCHEM STRAFRECHT

Strafe und Buße in Lebensbeschreibungen ottonisch-salischer Reichsbischöfe

Eine Studie zu den Wurzeln des modernen Strafrechts

ibidem-Verlag
Stuttgart

Bibliografische Information der Deutschen Nationalbibliothek
Die Deutsche Nationalbibliothek verzeichnet diese Publikation in der Deutschen Nationalbibliografie; detaillierte bibliografische Daten sind im Internet über http://dnb.d-nb.de abrufbar.

Bibliographic information published by the Deutsche Nationalbibliothek
Die Deutsche Nationalbibliothek lists this publication in the Deutsche Nationalbibliografie; detailed bibliographic data are available in the Internet at http://dnb.d-nb.de.

∞

Gedruckt auf alterungsbeständigem, säurefreien Papier
Printed on acid-free paper

ISBN-13: 978-3-8382-0197-9

Printed in Germany

Für meine Eltern und besonders für Alexandra,
die mich stets er- und getragen hat.

Inhalt

1. EINLEITUNG

Die Lebensbeschreibungen der Bischöfe der ottonisch-salischen Reichskirche bieten einen besonderen Zugang zum Denken jener Zeit. Inhaltlich zwischen Hagiographie und Historiographie angesiedelt[1], stehen sie als „für die ottonisch-salische Epoche typische [...] Prälatenbiographien"[2] den eigentlichen Herrscherbiographien nahe und unterscheiden sich, trotz vielfacher Querverbindungen, gegenseitiger Überschneidungen und Mischformen, konzeptionell deutlich von der „klassischen" aretalogisch-hagiographischen Heiligenvita.[3] Sie spiegeln damit die Stellung der Bischöfe im Herrschaftsgefüge ihrer Zeit wider und lassen sich als ein Versuch lesen, „ein neues Heiligenideal im Sinne der Vita activa zu prägen, ein Versuch, der offenbar der Absicht königstreuer Kleriker und Mönche entgegenkommt, ein neues geistliches Lebensideal in der Darstellung ottonischer Reichsbischöfe zu entwickeln."[4]

Die Bischöfe der ottonisch-salischen Reichskirche waren eine wichtige Stütze der Königsmacht und Teil des Herrschaftssystems ihrer Zeit.[5] Als Reichsfürsten im Auftrag des Königs und oberste Seelsorger im Auftrag der

---

1 Vgl. Haarländer, Stephanie: Vitae Episcoporum. Eine Quellengattung zwischen Hagiographie und Historiographie, untersucht an Lebensbeschreibungen von Bischöfen des Regnum Teutonicum im Zeitalter der Ottonen und Salier, Stuttgart 2000.

2 Lotter, Friedrich: Methodisches zur Gewinnung historischer Erkenntnisse aus hagiographischen Quellen, in: HZ 229 (1979), S. 298-356, hier S. 310.

3 Vgl. ebd., S. 308-313.

4 Ebd., S. 320; vgl. Lotter, Friedrich: Die Vita Brunonis des Ruotger: ihre historiographische und ideengeschichtliche Stellung (Bonner historische Forschungen 9), Bonn 1958, S. 78f., S. 128ff.; vgl. auch Köhler, Oskar: Das Bild des geistlichen Fürsten in den Viten des 10., 11. und 12. Jh. (Abhandlungen zur mittelalterlichen und neueren Geschichte 77), Berlin 1935, S. 9-29, S. 110-120; Schubert, Ernst: Das Reichsepiskopat, in: Michael Brandt, Arne Eggebrecht (Hg.): Bernward von Hildesheim und das Zeitalter der Ottonen. Bd. 1 (Katalog zur Ausstellung), Hildesheim 1993, S. 93-102, hier S. 101.

5 So zusammenfassend Hilsch, Peter: Das Mittelalter – die Epoche, 2. durchges. Aufl., Konstanz 2006, S. 100ff.; vgl. auch Goetz, Hans-Werner: Europa im frühen Mittelalter 500-1050 (Handbuch der Geschichte Europas 2), Stuttgart 2003, S. 226; Kroeschell, Karl: Deutsche Rechtsgeschichte. Band 1: Bis 1250, 13. überarb. Aufl., Köln u.a. 2008, S. 128ff.

Kirche vereinten sie weitgehende religiöse und weltliche Kompetenzen. Sie waren zugleich geistliche Hirten und irdische Herrscher.[6] Die „typisch mittelalterliche" Einheit von religiöser und weltlicher Sphäre wird daher an ihnen besonders deutlich.[7] Dieser Doppelstellung sollten auch ihre Lebensbeschreibungen gerecht werden. Das verlangte von den Autoren „die Darstellung von Sein und Sein-Sollen zugleich, wenn nicht sogar den Beweis, daß beides übereinstimmt"[8].

Diese Studie widmet sich einem Thema, das in besonderer Weise in beiden Sphären beheimatet ist. Es geht um die zeitgenössische Darstellung von konkreten Sanktionen gegen unerwünschtes Verhalten, kurz: um Akte der Bestrafung.[9] Gestalt und Existenz eines Strafbegriffes vor der Mitte des 12. Jahrhunderts sind in der Forschung stark diskutiert worden.[10] Der Blick auf die Viten der Bischöfe ottonisch-frühsalischer Zeit kann dem eine weitere Perspektive hinzufügen. Als Reichsfürst kam dem Bischof eine Sanktionskompetenz zu, die sich in Form der Sendgerichte auch institutionell manifestierte und insofern einen sehr konkreten Aspekt weltlicher Herrschaft darstellt.[11]

---

[6] Vgl. Goetz: Mittelalter, S. 226; Kallfelz, Hatto (Übers.): Lebensbeschreibungen einiger Bischöfe des 10.-11. Jahrhunderts / Vitae quorundam episcoporum saeculorum X, XI, XII (Ausgewählte Quellen zur deutschen Geschichte des Mittelalters 22 = FSGA 22), Georg Waitz, Irene Ott u.a. (Ed.), Darmstadt 1973, S. 1-33.

[7] Vgl. u.a. Kroeschell: Rechtsgeschichte 1, S. 128.

[8] Haarländer: Vitae Episcoporum, S. 2.

[9] Die Begriffe „Sanktion" und „Sanktionierung" werden hier in ihrer Bedeutung als Konsequenz angesichts einer Normüberschreitung verwendet. Sie schließen damit sowohl „Strafen" als auch „Bußen" ein. Vgl. Weitzel, Jürgen: Begriff und Gegenstand des frühmittelalterlichen Sanktionenrechts, in: Stefan Chr. Saar, Andreas Roth, u.a. (Hg.): Recht als Erbe und Aufgabe (Heinz Holzhauer zum 21. April 2005), Berlin 2005, S. 11-18, hier besonders S. 16.

[10] Vgl. Fichtenau, Heinrich: Lebensordnungen des 10. Jahrhunderts. Studien über Denkart und Existenz im einstigen Karolingerreich (Monographien zur Geschichte des Mittelalters 30,I), 1. Halbbd., Stuttgart 1984, S. 11; Kéry, Lotte: Gottesfurcht und irdische Strafe. Der Beitrag des mittelalterlichen Kirchenrechts zur Entstehung des öffentlichen Strafrechts (Konflikt, Verbrechen und Sanktion in der Gesellschaft Alteuropas, Symposien und Synthesen 10), Köln u.a. 2006, S. 1-8.

[11] Vgl. Willoweit, Dietmar: s.v. „Herr, Herrschaft", in: LexMA 4 (1989), S. 2176-2179, hier S. 2177-2178: „Akzeptiert man […], daß die mittelalterliche Verfassungsgeschichte »als Wandel eines Gefüges von Ordnungen« zu verstehen ist und »das allgemeine Recht

Als geistlicher Hirte und Vorbild christlicher Lebensführung und Tugend musste er sich zugleich, insbesondere aus der Perspektive seiner Biographen, an einer übergeordneten christlich-moralischen Norm messen lassen. Diese Dualität spiegelt sich auch in den Viten wider, wo neben den Menschen göttliche Kräfte wie selbstverständlich agieren können. Neben den strafenden Bischof tritt hier ein strafender Gott. Es stellt sich also die Frage, auf welche Weise die Vitenautoren mit dieser Spannung umgingen. Wenn wir die Funktionsweise der Herrschaft, das Weltbild und die Mentalität dieser Epoche begreifen wollen, liegt es daher nahe, nach der Darstellung von „Strafen" und „Bußen" sowie den dahinterstehenden Vorstellungen in den Bischofsviten zu fragen.

Nachdem die Skepsis der positivistischen älteren Forschung im Sinne Rankes[12], der es vor allem um Daten und Fakten der Rechts-, Verwaltungs-, Institutionen- und Ereignisgeschichte ging[13], zunächst durch die Kritik von Johann Gustav Droysen[14] und später vor allem von Forschern wie Marc Bloch und Lucien Febvre[15] im Hinblick auf einen mentalitätsgeschichtlichen Ansatz relativiert wurde, ist auch die Fülle hagiographischer Überlieferungen unter

---

und ... die subjektive Berechtigung des Einzelnen« oft zusammenfallen [...], Rechtslage und Geltendmachung von Rechten also häufig nicht zu unterscheiden sind, dann ist Herrschaft im Sinne eines heuristischen Forschungsbegriffs zu definieren als ein rechtlich begründeter Anspruch auf fremdes Tun, mit welchem Befehls- (Gebots-)befugnisse meist verbunden sein werden."; eingeschobene Zitate von Rolf Sprandel.

[12] Vgl. Ranke, Leopold von: Geschichte der romanischen und germanischen Völker von 1495-1535 (Historische Meisterwerke), Willy Andreas (Hg.), Hamburg 1957.

[13] Vgl. Lotter: Methodisches, S. 299.

[14] Vgl. Droysen, Johann G.: Briefwechsel. Bd. II, Rudolf Hübner (Hg.), Berlin 1929 (ND Osnabrück 1967), S. 941, S. 952f., S.975ff.; ders.: Texte zur Geschichtstheorie. Mit ungedruckten Materialien zur „Historik", Günter Birtsch, Jörn Rüsen (Hg.), Göttingen 1972, S. 82-88.; ders.: Historik. Vorlesungen über Enzyklopädie und Methodologie der Geschichte, Rudolf Hübner (Hg.), München [6]1971, S. 95f.; Lotter: Methodisches, S. 301.

[15] Vgl. Bloch, Marc: Apologie der Geschichte oder der Beruf des Historikers, Peter Schöttler (Hg.), Wolfram Bayer (Übers.), Stuttgart 2002, S. 59ff., S. 91ff.; Febvre, Lucien: La sensibilité et l'histoire, in: Annales d'histoire sociale 3 (1941), S. 5-20; Vgl. auch Duby, Georges: Histoire des mentalités, in: Charles Samaran (Ed.): L'Histoire et ses méthodes, Paris 1961, S. 937-966; Le Goff, Jacques: Le mentalités. Une Histoire ambigue, in: Jacques Le Goff, Pierre Nora (Hg.): Faire de l'Histoire. Nouveaux problèmes III, Paris 1974, S. 76-94.

neuen Gesichtspunkten in den Blick genommen worden. Diese Studie folgt dem von ihnen vorgezeichneten Weg. Mit Helmut Beumann, der bereits 1960 formulierte, „daß die ‚geschichtliche Frage im eigentlichen Sinne' erst mit der Frage ‚nach den Denkgewohnheiten eines Zeitalters, nach der Mentalität seiner Menschen, [...] nach seiner Bewußtseinslage' beginne“[16], soll eben diese Vorstellungswelt der Vitenautoren und ihrer Leserkreise im Zentrum der Untersuchung stehen. Die schriftlichen Quellen geben dabei mit Droysen „Auffassungen von Geschehnissen“ wieder. Sie erlauben der Geschichtswissenschaft keine „absolute Richtigkeit“ der Erkenntnis.[17] „[D]as Wesentliche in der Geschichte [ist] nicht die ‚eigentlichen Tatsachen, die Willensakte der einzelnen', sondern die in ihnen wirkenden ‚Motive und Impulse' dar[zu]stellen.“[18]

Die Viten Bruns von Köln, Ulrichs von Augsburg, Bernwards von Hildesheim und Meinwerks von Paderborn zählen zu den „für die ottonisch-salische Epoche typischen Prälatenbiographien“[19]. Sie werden hier exemplarisch auf Unterschiede und Gemeinsamkeiten in der Darstellung und Interpretation menschlicher und göttlicher Sanktionen sowie die Möglichkeit der Unterscheidung verschiedener Sanktionskategorien hin untersucht.

Normen beschreiben im Allgemeinen, wie etwas sein soll; Strafen zeigen an, dass etwas nicht sein soll. Insofern können Sanktionen auch Grenzen moralisch-ethischer Vorstellungen markieren. Dies gilt für kollektive Vorstellungen, die den Leim für Gesellschaftsformen bilden und sich in Herrschaftssystemen manifestieren können, ebenso wie für individuelle. Es ist gleich, ob eine Bestrafung durch institutionalisierte Gerichte, wie im neuzeitlichen Staat, durch auf Rachegedanken basierende Selbstjustiz und Fehde oder

---

16 Lotter: Methodisches, S. 303; eingeschobene Zitate von Beumann, Helmut: Methodenfragen der mittelalterlichen Geschichtsschreibung, in: ders.: Wissenschaft vom Mittelalter. Ausgewählte Aufsätze, Köln/Wien 1972, S. 1-8, hier 3ff.

17 Vgl. Lotter: Methodisches, S. 301.

18 Ebd.

19 Lotter: Methodisches, S. 310; vgl. auch Berschin, Walter: Biographie und Epochenstil im lateinischen Mittelalter. IV/2 (Quellen und Untersuchungen zur lateinischen Philologie des Mittelalter 12/2), Stuttgart 2001, S. 582-588 wo sie in seine „Auswahl literarisch und historisch bedeutender lateinischer Biographien“ aufgenommen sind.

durch individuelle Motivation herbeigeführt wird: Ihr Auftreten ist ein Hinweis auf das Abweichen von einer moralisch-ethischen Norm. Unabhängig davon, ob man Strafen nun als letztes, aus Hilflosigkeit herangezogenes Mittel zur Erhaltung der durch Überschreitung der Norm inkonsistent werdenden Vorstellungen, die konstitutiv für Gesellschaften ebenso wie für Individuen sind, ansieht, oder als notwendiges Mittel zur Erziehung und Disziplinierung: Wo sie auftauchen, da zeichnen sie den Rahmen jener normativen Vorstellungswelt nach, die sie bewahren sollen.

Insbesondere aber sind Akte der Bestrafung bzw. Sanktionierung von unerwünschtem Verhalten konstitutiver Bestandteil jeder Herrschaftsausübung. Die Untersuchung zeitgenössischer Darstellungen, Rechtfertigungen und Interpretationen von Sanktionen kann also helfen den spezifischen Charakter mittelalterlicher Herrschaft sowie der Mentalität und Moral, auf der sie basierte, zu begreifen. Sie kann zeigen auf welchen gedanklichen und weltanschaulichen Grundlagen gesellschaftliche Normen etabliert, Sanktionen als „rechtmäßig" akzeptiert und das menschliche Zusammenleben (herrschaftlich) organisiert werden konnte. Die Viten dienten neben der Stiftsmemoria vor allem dem Kult der jeweiligen Bischöfe und waren somit potentiell geeignet solche Anschauungen auch zu verbreiten.

Diese Zusammenhänge ermöglichen einen Zugang zu jenen Vorstellungen, dem damit verbundenen Weltbild und seinen Grenzen, der für historische Fragestellungen nutzbar gemacht werden kann. Indem wir den Umgang der Viten, „diesen Zeugnissen mittelalterlichen Denkens und Fühlens"[20], mit dem Thema „Strafe" in den Blick nehmen, erhalten wir Informationen, die uns Aufschluss über innere Zusammenhänge und Strukturen von Gesellschaften ebenso wie über Mentalitäten und moralisch-ethische Vorstellungen der Menschen, aus denen diese bestehen, geben.

Die eng miteinander verbundenen Themenkomplexe „Strafe" und „Buße" sind vor allem aus Perspektive der Verfassungs-, der Rechts- oder der Kirchengeschichte in den Blick genommen worden.[21] Dabei bedienen sich diese Zugriffe jeweils eigener Definitionen und stützen sich auf eine eigene Quel-

---

[20] Lotter: Methodisches, S. 299.

[21] Vgl. S. 19-32.

lenauswahl und Forschungstradition. Von Ansätzen eines Strafrechts, das neuzeitlichen Kriterien gerecht wird, kann demnach frühestens ab dem 11. Jahrhundert gesprochen werden.[22] Zuvor ist nicht nur die Quellenlage zur Rechtsgeschichte sehr viel dünner, sondern verschiedene Rechtsformen, darunter als wesentlicher Faktor eben auch die kirchliche Buße, existierten gleichzeitig nebeneinander.[23] Ihre jeweiligen Reichweiten und Kompetenzen, nicht zuletzt an die jeweiligen personellen Bedingungen gebunden, lassen sich kaum als Gesamtbild erfassen.[24] Die Konzentration auf fachspezifische Perspektiven birgt die Gefahr, übergreifende Zusammenhänge zu vernachlässigen. In dieser Studie soll der Fokus daher anders gefasst werden. Es geht nicht um „Rechts- und Verwaltungsgeschichte, wo die Kluft zwischen dem in den Dokumenten festgelegten Rechtswillen und der Rechts- und Verfassungswirklichkeit kaum je ganz zu überbrücken ist“[25], sondern um den Vorstellungshorizont der zeitgenössischen Vitenautoren und ihrer Leserkreise. Es geht darum, welche Kräfte sie außerhalb verfassungs-, rechts- und kirchengeschichtlicher Definitionen als „sanktionsmächtig“ ansahen, wie sie Strafe und Buße generell interpretierten und wie der sanktionierende Bischof in diesem Kontext dargestellt wurde. Dabei werden die Viten „als Zeugnis von Weltsicht, Mentalität und politisch-religiöser Zielsetzung des jeweiligen Verfassers“[26] ernst genommen. Nicht zuletzt die jüngeren Erkenntnisse über „pragmatische Schriftlichkeit“[27] zeigen, wie sehr solche Schriften in Wechselwirkung mit unmittelbaren, praktischen Bedürfnissen im Umfeld ihrer Entstehung und damit der Lebenswelt der Zeitgenossen stehen konnten.

---

[22] Vgl. Schild, Wolfgang: s.v. „Strafe, Strafrecht, C. Rechte einzelner Länder. I. Deutsches Recht“, in: LexMA 8 (1997), S. 198-201; vgl. auch Kéry: Gottesfurcht und irdische Strafe, S. 79.

[23] Vgl. Kéry: Gottesfurcht und irdische Strafe, S. 79.

[24] Ebd., S. 63ff.

[25] Lotter: Methodisches, S. 300.

[26] Ebd., S. 301.

[27] Zum Begriff vgl. Keller, Hagen: Pragmatische Schriftlichkeit im Mittelalter. Erscheinungsformen und Entwicklungsstufen. Einführung zum Kolloquium in Münster, 17.-19. Mai 1989, in: Hagen Keller, Klaus Grubmüller, Nikolaus Staubach (Hg.): Pragmatische Schriftlichkeit im Mittelalter. Erscheinungsformen und Entwicklungsstufen (Münstersche Mittelalterschriften 65), München 1992, S. 1-7; vgl. S. 45f.

1.1. Fragestellung

Das komplexe und oft wenig greifbare Rechtswesen des frühen bis hohen Mittelalters erschwert eine genaue Definition des Strafbegriffes dieser Zeit.

> „Nur langsam machte man sich mit der christlichen Lehre vertraut [...]; das Moment der Schuld war [...] im Rechtswesen noch wenig ausgeprägt, so daß man sogar die Meinung vertreten konnte, es habe vor der Mitte des 12. Jahrhunderts nicht den Begriff der Strafe, sondern als Gegenmittel gegen «objektive Entordnungen» eine Art «Wiedergutmachungszauber» gegeben."[28]

Die Viten der ottonisch-frühsalischen Reichsbischöfe, mit ihrer zugleich weltlichen und religiösen Sanktionierungskompetenz, können aus christlicher Perspektive Licht auf die zeitgenössischen Deutungen von Sanktionen werfen. Im christlichen Kontext spielt dabei der Bußgedanke eine besondere Rolle. Den Schwerpunkt der Untersuchung bildet daher die Frage: Wie wird konkrete Sanktionierung durch den Bischof und durch Gott in den ausgewählten Lebensbeschreibungen dargestellt und welche Vorstellungen von Strafe und Buße sind dabei zu erkennen?

Es ergeben sich folglich zwei Schwerpunkte: Erstens die Frage nach der Form der Sanktionen, die dem Bischof oder himmlischen Mächten zugeschrieben werden, und deren Haltung dazu. Zweitens die Frage nach den zeitgenössischen Vorstellungen von Strafe und Buße, die diesen Darstellungen zu Grunde liegen. Es gilt also einerseits zu untersuchen, welcher Art diese Sanktionen sind, wen sie treffen und warum; andererseits, wie die Sanktionen in ihrem Kontext interpretiert und gerechtfertigt werden und zu welchem Zweck der Autor sie anführt.

---

[28] Fichtenau: Lebensordnungen I, S. 11; vgl. Achter, Viktor: Die Geburt der Strafe, Frankfurt a. M. 1951, S. 9ff.

1.2. Methode

Aufgrund ihrer inhaltlichen Nähe ist eine eindeutige Differenzierung der Begriffe „Strafe" und „Buße" problematisch. Generell sollen die Viten daher zunächst auf konkrete Darstellungen von „Sanktionen" gegenüber einem als Unrecht oder unangemessen bewerteten Verhalten durch eine übergeordnete Instanz untersucht werden. Dennoch ist es in einem ersten Schritt nötig, auf die verschiedenen Dimensionen von „Strafe" und „Buße" und deren Relevanz für den Betrachtungszeitraum einzugehen, um die Sanktionen vor diesem Hintergrund genauer qualifizieren zu können. Da die Viten in ihrem historischen Kontext gesehen werden müssen, ist in einem zweiten Schritt auf die Stellung des Bischofs im Herrschaftsgefüge ottonisch-salischer Zeit einzugehen. Auch die Auswahl und der besondere Charakter der Viten, als Quellen dieser Studie, bedürfen in einem dritten Schritt einer Erläuterung. Schließlich gilt es, ein Schema für die Untersuchung festzulegen, das die Erfassung, Gliederung und Interpretation betreffender Textstellen erlaubt. Da hier keine faktische Aufarbeitung historischer Tatsachen angestrebt wird, kann dabei generell die jeweilige Darstellung des Autors als maßgeblich gelten.

Es lassen sich im Hinblick auf die sanktionierende Instanz vier Kategorien der Darstellung von Sanktionen unterscheiden: 1. „strafende göttliche Fügungen", also schicksalhafte, aber vordergründig keineswegs wundersame, sondern auf natürliche Ursachen zurückführbare Ereignisse, die vom Autor als strafende Fügung Gottes interpretiert werden. 2. „Strafwunder", die vom Autor implizit oder explizit auf ein direktes, wundersames Eingreifen Gottes bzw. „übernatürlicher" Mächte zurückgeführt werden. 3. „Kollektive Sanktionen", die vom Autor auf die Entscheidungen eines Kollektivs, z.B. einer Synode, unter Mitwirkung des Bischofs zurückgeführt werden. 4. „Individuelle Sanktionen", die vom Autor auf den Bischof selbst zurückgeführt werden.

Vier gut erforschte, edierte und vielfach untersuchte Viten ottonisch-salischer Reichsbischöfe, die Vita Brunonis, die Vita Oudalrici, die Vita Bernwardi und die Vita Meinwerci, werden hier exemplarisch auf diese Darstellungskategorien hin untersucht. Dazu werden die für die Fragestellung relevanten Textstellen, also Darstellungen konkreter Sanktionen, den jeweiligen Kategorien zugeordnet. Auf diese Weise wird das Material dem Kontext entsprechend gegliedert, quantitativ erfasst und kann auf qualitative Merkmale, Parallelen und Unterschiede hin durchkämmt werden. Diese Gliederung macht zum einen deutlich, welche Arten von Sanktionen vom Autor auf welche Instanzen zurückgeführt werden, zum anderen lässt sie erkennen, auf welche Art und Weise Sanktionierung gedacht, wie sie interpretiert und legitimiert werden konnte. Die Untersuchung der vier Kategorien bildet den Hauptteil und den Leitfaden der Arbeit. So sollte deutlich werden, welche Gemeinsamkeiten und Unterschiede die Darstellungen von Sanktionen aufweisen, wo sie sich gegeneinander abgrenzen und wo sie ineinander übergehen. Kurz: Wie „menschliche" und „göttliche" Sanktionierung in den Viten dargestellt wird und welche Vorstellungen von Strafe und Buße dafür maßgeblich sind.

Da die Gliederung nach den Kategorien auf alle vier Viten angewendet wird, ist auch ein Erfassen übergreifender Entwicklungen möglich, deren Aussagekraft aber durch die schmale Quellenbasis begrenzt wird. In der abschließenden Zusammenschau und Interpretation der Ergebnisse sollte dennoch ein Überblick über den Umgang mit Strafe und Buße in den Viten ottonisch-salischer Reichsbischöfe entstehen, der auch einen Einblick in normative Vorstellungen der Autoren und ihrer Leserkreise ermöglicht.

2. Die Rahmenbedingungen

Es gilt zunächst, jene begrifflichen, historischen und quellenkritischen Rahmenbedingungen zu klären, die unmittelbar Einfluss auf die Untersuchung haben, und damit bereits einen Teil der Untersuchung darstellen. Ein knapper Überblick über die jeweilige Forschungslage soll dazu dienen, die relevanten Aspekte hervorzuheben.

2.1. Strafe und Buße: Begriffe, Konzepte, Rechtsentwicklung

Die im Folgenden zusammengefassten Schwierigkeiten, die einerseits auf die unklare Rechtsverfassung allgemein, andererseits auf die enge Verschränkung geistlicher und weltlicher Elemente in den Quellen und dem Untersuchungszeitraum zurückgehen, machen es problematisch, genaue Definitionen für die Begriffe „Strafe" und „Buße" zu geben. Beide können eine Sanktion aufgrund eines unerwünschten Verhaltens bezeichnen. Sie überschneiden sich und meinen dennoch nicht das Selbe. Deshalb sollen in dieser Studie nicht bestimmte Begrifflichkeiten, sondern die dahinterstehenden Aussagen betrachtet werden. Immerhin ist es möglich, eine Strafe zu beschreiben, ohne dabei das Wort Strafe zu benutzen. Eingang in die Untersuchung fanden daher alle Textpassagen, in denen konkrete Ahndungen von Vergehen entweder durch den Bischof oder durch Gott dargestellt werden. Dabei handelt es sich um körperliche, materielle oder soziale Nachteile oder „Übel"[29], die hier zunächst allgemein als Sanktionen bezeichnet werden.

Wie sehr „Strafe" und „Buße" miteinander verwoben sind, zeigt schon ein Blick auf die lateinischen Begriffe. Die Wörterbücher führen für Buße sowohl *poena* (Strafe) als auch *paenitentia* (Reue) an.[30] Damit ist bereits auf die beiden

[29] Vgl. Weitzel, Jürgen: Der Strafgedanke im frühen Mittelalter, in: Eric Hilgendorf, Jürgen Weitzel (Hg.): Der Strafgedanke in seiner historischen Entwicklung. Ringvorlesung zur Strafrechtsgeschichte und Strafrechtsphilosophie (Schriften zum Strafrecht 189), Berlin 2007, S. 21-35, hier S. 24-25.

[30] Vgl. im Folgenden zur Übersetzung beispielhaft Güthling, Otto, Menge, Hermann: Langenscheidts Großwörterbuch Latein. Teil I Lateinisch-Deutsch, Berlin u.a. [26]2001,

wesentlichen Aspekte, die „äußere" Erscheinung und das „innere" Motiv verwiesen. In den mittelalterlichen Quellen wechseln die Schreibweisen *paenitentia/poenitentia* einander ab, so dass auch hierdurch eine gewisse gedankliche und sprachliche Nähe der Worte *poena* und *poenitentia* entsteht.[31] Schon deshalb erscheint eine anachronistische Definition und Unterscheidung nach Maßgabe der modernen Rechtsterminologie unangebracht. Sie würde insbesondere jene für den Untersuchungszeitraum so wichtige religiös-christliche Dimension von Buße ausklammern, die in den als „Bußbüchern" übersetzten *libri paenitentialis* exemplarisch zum Ausdruck kommt: Durch Einsicht, Reue und tätige Wiedergutmachungsleistungen als deren Manifestation wird die Heilung von der Sünde möglich. Die Bücher liefern mit den darin enthaltenden Bußen Mittel, „Medikamente", die dieser heilsamen, tätigen Reue dienen.[32] Eine Buße wird also in christlicher Perspektive verhängt, um jemanden aus sich selbst heraus zur Einsicht seiner Verfehlung und zur Reue zu bringen, damit er sich auf diese Weise nachhaltig bessert.

Die sprachliche Mehrdeutigkeit rührt daher, dass der Begriff Buße sowohl für das Mittel, also die Sanktion (bzw. „Strafe"), als auch für den Zweck, also die tätige Reue, verwendet wird. *Auferlegte* Sanktionen (wie sie hier untersucht werden), die Bußen sein sollen, so ließe sich pointiert festhalten, tragen daher immer den moralischen Imperativ „Bereue!" in sich. Hierdurch wird eine Sanktion zur Buße. Aus der Sicht des Betroffenen bedeutet dies im christlichen Kontext, die Strafe wandelt sich zur wiedergutmachenden Buße, wenn er seine Verfehlung einsieht und sie als Ausdruck seiner Reue annimmt. Dieser innere Akt kann letztlich nur freiwillig geschehen. Daher ist schwer zu ermitteln, welche auferlegte, als Buße gemeinte Sanktion tatsächlich auch als Buße in diesem Wortsinn aufgenommen wurde. Wenn die Buße ihren Zweck erfüllt, dann *büßt* der Delinquent. Die in den Wörterbüchern an-

S. 536, S. 575-576, S. 620; ders.: Langenscheidts Großwörterbuch Latein. Teil II Deutsch-Lateinisch, Berlin u.a. [18]2002, S. 137, S. 567-568.

31 Im Folgenden wird die jüngere Schreibweise *paenitentia* benutzt.

32 Vgl. Büttner, Jan Ulrich: Sünde als Krankheit – Buße als Heilung in den Bußbüchern des frühen Mittelalters, in: Cordula Nolte (Hg.): Homo debilis. Behinderte – Kranke – Versehrte in der Gesellschaft des Mittelalters (Studien und Texte zur Geistes- und Sozialgeschichte des Mittelalters 3), Korb 2009, S. 57-78, hier besonders S. 57-67.

geführten Bedeutungsebenen entfalten sich: Er bereut (*paenitentia*), leistet Wiedergutmachung (*satisfactio*) und bessert sich nachhaltig (*morum* oder *vitae mutatio*).

Die Buße außerhalb des christlichen Kontextes zielt ebenfalls auf den Ausgleich einer Verfehlung durch wiedergutmachende Leistungen. Der moralische Aspekt tritt dabei allerdings hinter den praktischen Zweck zurück. Die schlichte Zahlung eines Bußgeldes setzt keine Reue voraus. Verhängt werden diese Bußen aber mit derselben impliziten Aufforderung, nämlich zu bereuen bzw. sich zu bessern. Auch hier verschränken sich also Motiv und Mittel im Begriff der Buße.

Diese beiden Deutungen von Buße lassen sich auf einen Ursprung zurückführen. Durch ein Fehlverhalten entsteht ein Defizit, das es auszugleichen gilt.[33] Das Grimmsche Wörterbuch fasst die verschiedenen Bedeutungen von büßen unter dem Begriff des Ergänzens zusammen.[34] Demgemäß steht Buße vorrangig für „ergänzende" bzw. ausgleichende, wiedergutmachende Leistungen.

Die Strafe hingegen trägt die Bedeutungsebenen Marter, Hinrichtung (*supplicium*), Züchtigung (*castigatio*), Ahndung (*animad versio*) und vor allem Rache (*ultio*) in sich.[35] Sie umfasst damit tendenziell härtere Sanktionen von endgültigem Charakter und wird aufgrund allgemeiner gesellschaftlicher Normen oder Rechtssätze, unabhängig von der inneren Haltung des Bestraften, verhängt, um Vergehen gegen jene zu ahnden. Während die Buße also auf Wiedergutmachung abzielt, zielt die Strafe auf Vergeltung. Die Buße

---

33 Vgl. Kaufmann, Ekkehard: s.v. „Buße", in: HRG 1 (1971), S. 575-577, hier S. 575: „Das in der Rechtsprechung sehr häufige Wort [Buße] mit großer Bedeutungsbreite und zahlreichen Zusammensetzungen hat wohl die Grundbedeutung ‚Ausgleich'."

34 Vgl. hierzu Grimm, Jacob, Grimm, Wilhelm: Deutsches Wörterbuch. Bd. 2 Biermörder-d, Leipzig 1860 (ND München 1984), S. 575: „*Überschaut man die entfalteten neun bedeutungen von* büszen, *so fallen alle, mit ausnahme der zweiten, zusammen in dem begrif des ergänzens* [...]. *wie das zerrissene gewand, das gebrochene gefäsz geflickt, wird der kranke leib geheilt* [...], *hunger, durst und begierde gesätigt, gestillt und beschwichtigt; den verletzten rechtszustand stellt die busze her und auch der kirchlichen ansicht gemäsz ist, dasz* reue *und* busze *das durch die sünde entzwei gegangne kleid der seele wieder zusammen hefte, schöner wäre, sagt ein alter dichter, wenn es nie einen risz bekommen hätte.*"

35 Vgl. Güthling, Menge: Latein I, S. 575: „poenă, [...] bald = Rache, bald = Bestrafung".

wurzelt in der Reue, die Strafe in der Rache. Die Grenzen sind fließend. Jede Strafe kann auch eine Buße sein, wenn die entsprechende Motivation dahinter steht. Allerdings muss nicht jede Buße eine von außen auferlegte Strafe sein. Sie kann ebenso in einer Selbstzüchtigung bestehen und damit aus dem Rahmen dieser Untersuchung herausfallen. Diese Überschneidungen zeigen sich auch in der Sprache der Quellen. Das lateinische *poena* kann ebenfalls, je nach Motivation und Kontext, sowohl Strafe, als auch Buße bedeuten.[36] Beide Bedeutungshorizonte können Einfluss auf die konkrete Sanktionierungstätigkeit eines Bischofs und Reichsfürsten haben. Ein Schwerpunkt dieser Studie wird darin bestehen, die Interpretation dieses Verhältnisses in den Viten zu untersuchen.

Strafe als Rechtsbegriff meint „ein Übel, das wegen der Verletzung des Rechts von einer Obrigkeit (*public authority*) gegen den Täter verhängt wird."[37] Dabei wird unter Obrigkeit „jeglicher Rechtsverband, in dem ein Übergeordneter dessen Strafanspruch wahrnimmt"[38] verstanden. Selbst wenn der bischöflichen bzw. grundherrlichen Herrschaft mit der Verleihung der Immunität öffentlich-rechtliche Qualität zugesprochen wird[39], genügt eine solche Definition der Fragestellung dieser Untersuchung nicht. Sie schließt sowohl Sanktionen, die auf himmlische Mächte zurückgeführt werden, als auch Sanktionen, die auf „Rache-, Genugtuungs- und Ersatzanspruch unter gleichgestellten Sippen"[40] beruhen aus, indem sie vorgibt, dass es Strafe „nur auf dem Boden eines rechtlichen Unterwerfungsverhältnisses"[41] gibt. Es kann hier nicht auf die umfangreichen Diskurse über Gestalt und Verfassung des mittelalterlichen Rechts eingegangen werden. Hinzu kommt, dass „Rechtslage und Geltendmachung von Rechten […] häufig nicht zu unterscheiden

---

36 Vgl. ebd.: „poenă, […] Strafe oder Buße für irgendein Vergehen".

37 Weitzel: Strafgedanke, S. 24-25.

38 Ebd., S. 25; vgl. ebd., S. 24ff.; Köbler, Gerhard: Juristisches Wörterbuch, München [5]1991, S. 338.

39 Vgl. Kroeschell: Rechtsgeschichte 1, S. 118.

40 Weitzel: Strafgedanke, S. 25.

41 Ebd.; vgl. auch: Nagler, Johannes: Die Strafe. Eine juristisch-empirische Untersuchung, Leipzig 1918 (ND Aalen 1970), S. 1ff., S. 93.

sind“[42]. Im Hinblick auf die Gefahr anachronistischer Verfälschung sind daher weder die Grenzen der Rechtsverbände noch die genauen Rechtsvorstellungen, die einer rechtlichen Definition zugrunde liegen, für diese Untersuchung als gegeben anzusehen.[43] Dem Anliegen, den *zeitgenössischen* Vorstellungen von Strafe und Buße am konkreten Beispiel sanktionierender Eingriffe nachzuforschen, folgend, wird der Darstellung des Autors Priorität vor späteren Definitionen eingeräumt, um den Quellen so unbefangen wie möglich zu begegnen und der Perspektive der Autoren auf „diese seltsame, durch die Einheit von geistlicher und weltlicher Herrschaft geprägte Welt“[44] gerecht zu werden.

Um verschiedene Aspekte im Denken der Autoren benennen und beurteilen zu können, lassen sich dennoch grundlegende Einflüsse auf die Ahndungspraxis des Untersuchungszeitraumes unterscheiden. Nach Weitzel bildeten insbesondere drei Kräfte und Traditionen die wesentlichen Elemente des mittelalterlichen Strafgedankens: Die Römische, die „Germanische“ und die Christliche.[45] Es lassen sich demnach drei grundlegende Leitgedanken der

---

[42] Willoweit: s.v. „Herrschaft“, S. 2177-2178.

[43] Dies erscheint umso angebrachter, als die Bischöfe der ottonisch-salischen Reichskirche, in ihrer neu ausgeprägten Doppelstellung als Reichsfürsten und geistliche Hirten zugleich, noch um einen verbindlichen Amtsbegriff, der ihrer tragenden Rolle im Herrschafts- bzw. Rechtssystem entsprach, zu ringen schienen. Gerade in diesem Kontext stehen die Viten mit ihren Versuchen neue Heiligen- und Lebensideale der Bischöfe als Normen zu formulieren. Vgl. hierzu Schubert: Reichsepiskopat, S. 93-102, hier S. 101: „Das neue Bischofsideal ist durch die Hinwendung zum tätigen Leben […] als Vorstufe eines Amtsgedankens […] gekennzeichnet. Die erstaunliche Häufung von Bischofsviten gerade in der Wendezeit um das Jahr 1000, eine Häufung, wie sie weder vorher noch nachher zu beobachten ist, kann auf diesen entstehenden Amtsgedanken und die Orientierungsprobleme, die er aufwarf, zurückgeführt werden.“

[44] Kroeschell: Rechtsgeschichte 1, S. 130.

[45] Weitzel: Strafgedanke, S. 25; vgl. ebd. S. 24f.; inwiefern die Zusammenfassung als „germanisch“ noch dem Stand der Forschung entspricht bzw. angemessen ist, ist für diese Arbeit nicht weiter von Interesse. Vgl. dazu grundlegend: Wenskus, Reinhard: Über die Möglichkeit eines allgemeinen interdisziplinären Germanenbegriffs, in: Heinrich Beck, Johannes Hoops (Hg.): Ergänzungsbände zum Reallexikon der germanischen Altertumskunde. Bd. 1. Germanenprobleme in heutiger Sicht, Berlin/New York 1986, S. 1-21; zusammenfassend u.a.: Wolfram, Herwig: Die Germanen (Beck'sche Reihe), 8. überarb. Aufl., München 2005.

Sanktionierung differenzieren, die für die Beurteilung der Darstellungen in den Quellen von Bedeutung sind.

1. Rechtsförmige Normen: Als Wurzel eines „öffentlichen Strafrechts" im Sinne eines formellen, allgemein gültigen und durch eine starke öffentliche Gewalt getragenen Sanktionensystems kann das römische Strafrecht der Spätantike ausgemacht werden.[46] Es „weist harte, ja brutale Züge auf. [...] Der Strafgedanke [...] war voll entfaltet."[47] Als Folge der Auflösung spätantiker Strukturen ab dem 4. Jahrhundert und des Rückzugs des Staates aus der Sozialkontrolle „legalisierte [der Staat] das Strafen sozial mächtiger Gruppen"[48]. Nach Weitzel ist es „gänzlich unstreitig [...], dass die germanischen Großkönige ihre Machtsteigerung entscheidend dem römischen Vorbild [...] verdanken"[49]. Dieses Erbe äußert sich insbesondere in peinlichen, körperlichen Strafen (Blutstrafen) und durch „verstärkte Bereitschaft, bislang formlos geübte Rache in regelgeleitetes Verfahren zu überführen und so im Rechtssinne zu strafen"[50]. Weitzel geht von einer „Übernahme und Nachahmung eines Grundbestandes prozessualer Regeln aus dem römischen Kriminalverfahren"[51] aus. Dementsprechend kann die Einhaltung „rechtsförmiger" Normen, wie sie auch die kirchlichen *canones* darstellen, ein Motiv für Strafe sein. Allerdings erscheinen „[d]ie *peinlich* sanktionierenden Normen [...] gegenüber den Volksrechten prinzipiell als Neuerungen aus königlichem Ordnungswillen."[52]

2. *compositio* (materielle Buße): Die Volksrechte waren geprägt von einem Kompositionensystem. Schon hier begegnet erneut der enge Zusammenhang von Strafe und Buße. Für den Begriff der Buße findet sich weder in der Fachli-

---

[46] Vgl. Weitzel: Strafgedanke, S. 29-31.

[47] Ebd., S. 29; vgl. auch Liebs, Detlef: Öffentliches und Privatstrafrecht in der römischen Kaiserzeit, in: Jürgen Weitzel (Hg.): Hoheitliches Strafen in der Spätantike und im frühen Mittelalter, Köln 2002, S. 11-25; Carbasse, Jean-Marie: Introduction historique au droit pénal, Paris 1990, S. 55.

[48] Weitzel: Strafgedanke, S. 30.

[49] Ebd.

[50] Ebd., S. 30; vgl. Weitzel, Jürgen: Strafe und Strafverfahren in der Merowingerzeit, in: ZRG GA 111 (1994), S. 66-147, hier S. 137-143.

[51] Weitzel: Strafgedanke, S. 30.

[52] Ebd., S. 22.

teratur noch in den Quellen ein einheitlicher Sprachgebrauch. Die rechtshistorische Fachliteratur hat sich

> „in stillschweigender wissenschaftlicher Konvention zwar dahingehend geeinigt, abweichend von dem Verständnis eines Teiles der mittelalterlichen Quellen, dem Begriff Buße nur Sach- und Geldleistungen des Täters zu subsumieren, nicht aber Strafen an Leib und Leben und Sanktionen wie Vermögens-, Freiheits- und Ehrverlust."[53]

Ein solcher Bußbegriff orientiert sich an dem, was Weitzel der „germanischen" Tradition zuschreibt.[54] Er bezeichnet also auf Ausgleich abzielende, materielle Leistungen an den Geschädigten oder die öffentliche Gewalt (Wergeld, Friedensgeld), die vor allem friedensstörenden Selbsthilfeakten, Rache- und Fehdehandlungen zuvorkommen sollten. „In der Entwicklung der S[trafe] von den Anfängen bis zum Ausgang des M[ittelalters] ist die Wiederherstellung des Friedens (im Sinne der Beseitigung oder Beendigung der Störung) oberstes Ziel."[55] Im frühen Mittelalter bildeten sich bei den „germanischen" Völkern und Stämmen, auf Grund ihrer langwährenden, akephalen Tradition, d.h. der Schwäche einer öffentlichen Gewalt, Volksrechte aus, „die sich im Wesentlichen als breit entfaltete Kompositionensysteme darstellen."[56]

> „Die Bereitschaft eines Geschädigten, auf die [...] Fehde zu verzichten und als Ausgleich für die erlittene Kränkung einen materiellen Gegenwert anzunehmen, ist der erste Schritt zur Ausbildung einer höheren Rechtskultur. Die Festlegung von Richtlinien [...] folgt dieser Entwicklung als die erste bewußte Setzung materiellen Rechts."[57]

---

[53] Nehlsen, Hermann: s.v. „Buße (weltliches Recht)", in: LexMA 2 (1983), S. 1144-1149, hier S. 1144.

[54] Weitzel: Strafgedanke, S. 25-29.

[55] Kaufmann, Ekkehard: s.v. „Strafe, Strafrecht", in: HRG 4 (1990), S. 2011-2029, hier S. 2011; vgl. ebd., S. 2011-2019. Gängige Abkürzungen werden im Fließtext ausgeschrieben, die Änderungen durch eckige Klammern sichtbar gemacht.

[56] Weitzel: Strafgedanke, S. 27.

[57] Kaufmann: s.v. „Buße", S. 575-577, hier S. 576.

Buße in diesem Sinne ist *compositio*.[58] Die Buße als *compositio* beschreibt also allgemein eine materielle Wiedergutmachung zur gewaltfreien Beilegung von Konflikten[59], wobei selbst peinliche Strafen in den meisten Fällen durch solche Buß- bzw. Sühneleistungen ablösbar waren.[60] Auch diese Definition verschwimmt allerdings vor dem Hintergrund, dass dem Gedanken der *compositio* „selbst Leibes- und Lebensstrafen angepaßt werden"[61] konnten. Ansätze eines obrigkeitlich vorangetriebenen Strafrechts und volksrechtliche Bußsysteme existierten bis in den Betrachtungszeitraum dieser Arbeit in unterschiedlichster Ausprägung neben- und miteinander.[62] Letztendlich tritt die peinliche Strafe aber noch weitgehend hinter die kompositorische Buße zurück.[63] Ein weiteres Motiv für Sanktionierung kann also die Schaffung eines materiellen Ausgleichs zur Beilegung gesellschaftlicher Konflikte in Form der *compositio* sein. Dieses Verständnis soll hier in Abgrenzung zur religiösen Buße auch als materielle Buße bezeichnet werden.

3. *paenitentia* (religiöse Buße): Hinzu tritt die religiös-christliche Dimension. Das Christentum brachte nicht nur eine „außerordentliche Erweiterung von Gemeinschaftsinteressen"[64], schuf im Gefolge seiner Lehren „Lebenssachverhalte, die es vor der Christianisierung gar nicht gegeben hatte"[65] und damit auch einen Sanktionierungsbedarf, dem ein erheblicher Beitrag zur Ausbreitung des Strafgedankens zugeschrieben wird[66], es lenkte den Blick auch auf

---

58 Vgl. Kéry: Gottesfurcht und irdische Strafe, S. 2; Kaufmann: s.v. „Buße", S. 575-577.

59 Vgl. Schlinker, Steffen: s.v. „Sühne, II. Rechtsgeschichte", in: LexMA 8 (1997), S. 297-298.

60 Vgl. Kaufmann: s.v. „Strafe, Strafrecht", S. 2011-2019, besonders S. 2016.

61 Brunner, Heinrich: Deutsche Rechtsgeschichte. II. Band (Systematisches Handbuch der deutschen Rechtswissenschaft, 2. Abt., 1. Teil, 2. Bd.), neu bearb. von Claudius Frhr. von Schwerin, Berlin [2]1928, S. 795; vgl. die Beispiele und Belege ebd.

62 Vgl. Kéry: Gottesfurcht und irdische Strafe, S. 1-4.

63 Vgl. Kaufmann: s.v. „Buße", S. 576.

64 Weitzel: Strafgedanke, S. 34.

65 Ebd.

66 Ebd., S. 33-34; vgl. Nehlsen, Hermann: Reaktionsformen der Gesellschaft auf Verletzung und Gefährdung von Gemeinschaftsinteressen in Spätantike und frühem Mittelalter bei den germanischen Stämmen. Ein Beitrag zur Strafrechtsgeschichte, in: Tiziana J. Chiuzi, Thomas Gergen, Heike Jung (Hg.): Das Recht und seine historischen Grundlagen. Festschrift für Elmar Wadle zum 70. Geburtstag, Berlin 2008, S. 759-781.

das Innere des Täters. Für die Frage nach der Legitimität von Sanktionen gewannen andere Aspekte – die Umkehr zu Gott, die Verbesserung, die Rehabilitierung in die christliche Gemeinschaft, das Sündenbekenntnis und nicht zuletzt die persönliche Reue – an Gewicht. Alle diese Aspekte fließen in den Begriff der religiösen Buße ein.

Ohne auf die theologische Begründung und Genese des kirchlichen Bußbegriffes in diesem Rahmen genauer eingehen zu können, sei allgemein festgestellt, dass er sich im christlichen Kontext auf eine Handlung bezieht, die tendenziell auf die Wiedergutmachung einer als Sünde empfundenen Tat, die Heilung eines der Heilung bedürftigen Seelenzustandes und damit eine Rückkehr oder Umkehr zu Gott, seiner Weltordnung und seiner Kirche, abzielt.[67]

Dies spiegelt sich, auf Seiten der praktischen Umsetzung, auch in der ursprünglichsten Bedeutung der kanonischen Kirchenbuße (*paenitentia canonica*) im Rahmen der Westkirche wider. Sie lässt sich auf eine Weiterführung des jüdischen Synagogenbannes zurückführen und bestand im Ausschluss des Sünders aus der Gemeinschaft, der durch reuige Buße rückgängig gemacht werden konnte. „Der gemeinschaftliche Charakter wird betont: Unmittelbares Ziel ist die Wiederaufnahme in die kirchliche Gemeinschaft, die mit der Vergebung der Sünden durch Gott einhergeht."[68] Dabei war diese ursprünglich in Analogie zur Taufe nicht wiederholbar und mit der einmaligen Tilgung von Todsünden verbunden. Für den Kleriker bedeutete Buße die Absetzung. Von dieser einmaligen Tilgung einer Todsünde sind die sogenannten „tätigen Bußen" durch Gebete, Almosen, Fasten usw. zu unterscheiden, die bei anderen Sünden zur Anwendung kamen. Erst der Verfall der ur-

---

[67] Vgl. hierzu Wissmann, Hans: s.v. „Buße I", in: TRE 7 (1981), S. 431-433, hier S. 432: „In allen bisher genannten Beispielen wird der Bußhandlung die Kraft zugetraut, wenigstens tendenziell den durch Sünde geschaffenen Zustand zu *verbessern*, eine versuchsweise vollzogene Heilung einer der Heilung bedürftigen Situation herbeizuführen, damit das Geschehne, wenn auch nur in seinen Wirkungen, unschädlich oder ungeschehen zu machen."

[68] Nikolasch, Franz: s.v. „Buße (lithurgisch-theologisch)", in: LexMA 2 (1983), S. 1130-1131, hier S. 1030.

sprünglichen Kirchenbuße führte zur Betonung persönlicher Bußformen und zum Siegeszug der tätigen Buße.

Wesentlichen Einfluss auf die Verhältnisse unseres Betrachtungszeitraumes hatte die Verbreitung der privaten Buße (*paenitentia privata*) durch iroschottische Mönche ab der Mitte des 7. Jahrhunderts. Sie wurde „zu einem der konstitutiven, typisch ‚mittelalterlichen' Wesenselemente, die für die römisch-katholische Kirche bis in die Gegenwart von größter Wirkung und Bedeutung geblieben sind."[69] Ihre charakteristischen Merkmale waren:

> „Einzelbekenntnis vor dem Priester (Mönch), kein Büßerstand; Zugänglichkeit für alle Christen (Laien und Kleriker); Anwendung für alle Sünden; beliebige Wiederholbarkeit, Festlegung des Bußwerks für jede Sünde, keine bleibenden Bußauflagen, die Absolution (deprekativ oder optativ) erfolgt nach geleistetem Bußwerk, bzw. dessen Ableistung erwirkt die Vergebung ohne Absolution."[70]

Damit verbunden war die Vorstellung von der sogenannten Tarifbuße (*paenitentia taxata*). Sie wurzelt in einer Kombination der anglo-irischen Klosterdisziplin und des Wergeldes (*compositio legalis*).[71] Es verbinden sich also die Vorstellungen von weltlich-materiellem und religiös-geistlichem Ausgleich. Niedergeschlagen hat sich die Tarifbuße vor allem in den Bußbüchern (*libri paenitentiales*), in denen Sündenkataloge mit den dazugehörigen Sühnen, in Form von Kasteiungen, dem Abbeten von Psaltern und insbesondere Arten des Fastens zusammengestellt sind. Das religiöse Ziel der „Heilung" von der als Krankheit verstandenen Sünde durch tätige Reue manifestierte sich in systematisch erfassten, weltlichen Leistungen: den Bußen.[72] Nehlsen spricht in diesem Zusammenhang ohne weitere Erklärung bereits von „Bußstrafen".[73] Diese konkrete Form einer eigentlich abstrakten Forderung machte einen veränderten, in gewisser Weise „vermenschlichten" Umgang damit möglich.

---

69 Benrath, Gustav A.: s.v. „Buße V", in: TRE 7 (1981), S. 452-473, hier S. 459, vgl. ebd. S. 458ff.

70 Nikolasch: s.v. „Buße", S. 1031.

71 Vgl. Vogel, Cyrille: s.v. „Buße (lithurgisch-theologisch)", in: LexMA 2 (1983), S. 1131-1135, hier S. 1132-1133.

72 Vgl. Büttner: Buße als Heilung, S. 57-78.

73 Vgl. Nehlsen: s.v. „Buße (weltliches Recht)", S. 1144-1149.

Da sich die Bußen mit jedem Vergehen aufaddierten, konnten sie schnell die Lebenszeit des Büßers überschreiten und unerfüllbar werden. Deshalb waren den Bußbüchern von Anfang an sogenannte Kommutations- (Umwandlungs-) oder Redemptionslisten (Loskauflisten) angefügt, die es ermöglichten „längeres Fasten entweder durch ein kürzeres, aber härteres abzulösen, oder durch Hiebe, Geißelung, körperl[iche] Züchtigung, bes[onders] aber durch Buß-Messen, Messestipendien, oder auch durch Ersatzfasten mittels dritter, dafür entlohnter Personen (meist Mönche)"[74]. Die Ersatzbußleistungen kamen nicht selten den Klöstern zugute, denen die Beichtväter entstammten und trugen sowohl zu deren Wohlstand als auch zum bereits zeitgenössischen Vorwurf bei, viele Beichtväter seien habsüchtig.[75]

Nach dem gescheiterten Versuch der karolingischen Herrscher, die ursprüngliche Kirchenbuße wieder durchzusetzen, kommt es zu einem Kompromiss, in dessen Verlauf die Kirchenbuße bei *öffentlichen* schweren Sünden von Laien (vor allem Mord, Ehebruch und Meineid), ansonsten jedoch die private Buße angewendet wird. Dieses als „karolingische Dichotomie" bekannte Phänomen bemisst die Form der Buße also am Grad der Öffentlichkeit und nicht an der Schwere der Sünde. „Aber beide Verfahren ergänzten und beeinflußten sich auch."[76]

Da die alte Form der *paenitentia canonica* sich wegen ihrer Rigorosität als praktisch unanwendbar erwies, geht sie ab dieser Zeit in die Form der öffentlichen Kirchenbuße (*paenitentia publica*) über. Dabei gilt die Bischofskirche als Vollzugsort und der Bischof als Liturge. Die Liturgie selbst erscheint zum ersten Mal im Sacramentarium Gelasianum.[77] In dieser Form hält sie sich bis zum 12. Jahrhundert.

---

[74] Vogel: s.v. „Buße", S. 1132-1133; zum Folgenden vgl. ebd., S. 1131ff.

[75] Vgl. ebd., S. 1132 mit dem Verweis auf Caesarius von Heisterbach.

[76] Benrath: s.v. „Buße V", S. 460.

[77] Vgl. Sacramentarium Gelasianum. Liber sacramentorum romanae ecclesiae ordinis anni circuli (Cod. Vat. Reg. lat. 316 / Paris Bibl. Nat. 7193, 41/56), hg. v. Cunibert Leo Mohlberg u.a., 3. verb. Aufl., Rom 1981. Nach Vogel: s.v. „Buße", S. 1133-1134: „1. Am Aschermittwoch: Aufnahme in den Büßerorden mit entsprechenden Orationes et preces super paenitentes, Handauflegung, Überschütten mit Asche und Übergabe des cilicium. 2. Während der folgenden Quadragesima Einschließung (nicht Einkerkerung!) des Büßers (I, 15 und 16). 3. Am Gründonnerstag: Der Büßer verläßt den Ort seiner B. und

Für den Zeitraum dieser Untersuchung ist letztendlich von einer umfassenden „Verquickung von Strafrecht und Religion"[78] und damit auch von Strafe und Buße, vor dem Hintergrund einer tief verwurzelten Bußgesinnung, auszugehen. Diese geht so weit, dass Benrath „die gesamte abendländische Kirche von immer neuen Wellen der Bußgesinnung und tätiger Bußbereitschaft ergriffen"[79] sieht, die auch die Laienwelt mitzureißen und nachhaltig zu beeinflussen vermochten. Er formuliert: „Vielleicht darf man für das lateinische Mittelalter eine stets vorhandene allgemeine Bußstimmung voraussetzen."[80] Auch wenn dies in solcher Pauschalität sicher nicht in jedem Fall haltbar bleibt, so ist doch gerade im kirchlich-klösterlichen Umfeld, in dem unsere Quellen entstanden und vornehmlich rezipiert wurden, mit einer solchen Grundstimmung zu rechnen.

Als Motiv für Sanktionierungen lässt sich also auch die religiöse Buße festhalten. Sie ist im Betrachtungszeitraum keineswegs eine rein innerliche Angelegenheit. „[D]*er kirche aber genügte nicht an der inneren contrilio, sie forderte thätliche reue und die ags. version des N.T. gibt schon poenitentia durch* dædbût, *thatbusze.* [...] *die kirche fordert zur vollen* busze *dreierlei, contrilio* [Kummer/Reue], *confessio* [Geständnis], *emendatio* [Besserung]."[81] Diese tätige Reue oder Tatbuße ist Mittel zur Heilung von den Sünden und zielt auf die Rehabilitation vor Gott ab, die allerdings zugleich eine Rehabilitation in die Gemeinschaft darstellte.

Erst ab 1200 findet das Wort „Strafe" mit seinen neuzeitlichen und d.h. vor allem nüchternen, zunehmend säkularen Konnotationen Einzug in den Sprachgebrauch.[82] Das Recht beginnt sich in schriftlicher Form zu manifestie-

---

streckt sich vor der versammelten Gemeinde zu Boden hin. In dreifachem Abstand (Venite-Ritus) wird er in die Kirche eingeführt. Es folgt der eigtl. Rekonziliationsakt: postulatio des Diakons (Adest, o venerabilis pontifex), Ermahnungsrede, Weihwasserbesprengung und deprekative Lossprechungsformeln (I, 38)."

78 Vorgrimler, Herbert: Buße und Krankensalbung (Handbuch der Dogmengeschichte 4/3), Freiburg i. Br. [2]1978, S. 110.

79 Benrath: s.v. „Buße V", S. 463.

80 Ebd.

81 Grimm: Deutsches Wörterbuch, S. 571.

82 Vgl. Weitzel: Strafgedanke, S. 23; Hierzu auch: See, Klaus von: Strafe im Altnordischen. Eine wortgeschichtliche Untersuchung, in: ders. (Hg): Königtum und Staat im skandi-

ren und von seinen religiösen Wurzeln zu emanzipieren. „Das entscheidend Neue wurde offenbar in der nüchternen, affektionslosen und im Voraus schriftl[ich] fixierten und institutionalisierten Schadenszufügung gesehen"[83]. Im Zusammenspiel mit der Gottes- und Landfriedensbewegung[84] und anderen strukturellen Veränderungen ab dem 12. Jahrhundert beginnt sich also ein schriftlich fixiertes, aus kanonisch-kirchlichen, römischen und „germanischen" Quellen zehrendes Recht zu etablieren, dem es nach und nach gelingt, das Fehdewesen mit seiner Tendenz zur Selbstjustiz zurück zu drängen. Das Recht befreit sich von seiner Personengebundenheit. Strafen werden von mehr oder weniger „öffentlichen" Körperschaften auf zunehmend „formeller" Grundlage verhängt.

Die kirchliche Buße hingegen konzentriert sich zunehmend auf persönliche Aspekte. Ab dem 12. Jahrhundert rückt das Sündenbekenntnis in Form der Privatbeichte mit unmittelbar folgender Absolution ins Zentrum der Buße und lässt das eigentliche Bußwerk sekundär erscheinen. Diese Entwicklung geht einher mit dem theologischen Ringen um einen differenzierteren Schuldbegriff und einer Tendenz zur „Individualisierung von Schuld" mit „erhebliche[n] – auch rechtliche[n] – Konsequenzen"[85].

„Das Sanktionenrecht des frühen Mittelalters umfasst [...] Blutrache und Fehde ebenso wie Sühne und Strafe wie Kirchenbuße und Kirchenstrafe. [...] Hier ist noch vieles offen."[86] Strafe und Buße lassen sich also im Untersuchungszeitraum nicht eindeutig voneinander abgrenzen. Sie werden hier daher zunächst zusammenfassend als Sanktionen, ihre Auferlegung als Sankti-

---

navischen Mittelalter, Heidelberg 2002, S. 135-151; Holzhauer, Heinz: Das neue Bild vom alten Strafrecht, in: Rechtstheorie 32(2001), S. 53-63; Gellinek, Christian: Was heißt Strafen?, in: ZRG GA 118 (2001), S. 385-386.

83 Schild: s.v. „Strafe, Strafrecht", S. 198.

84 Vgl. Weitzel: Strafgedanke, S. 24; Wadle, Elmar: Landfrieden, Strafe, Recht. Zwölf Studien zum Mittelalter, Berlin 2001; Buschmann, Arno, Wadle, Elmar (Hg.): Landfrieden. Anspruch und Wirklichkeit, Paderborn 2002.

85 Müller, Daniela: Schuld und Sünde, Sühne und Strafe. Schuldvorstellungen der mittelalterlichen Kirche und ihre rechtlichen Konsequenzen (Schriftenreihe des Zentrums für rechtswissenschaftliche Grundlagenforschung Würzburg 1), Baden-Baden 2009, S. 7; vgl. ebd. S. 7-24.

86 Weitzel: Sanktionenrecht, S. 16.

onierung bezeichnet. Untersucht werden Darstellungen solcher Sanktionen, die Personen oder Körperschaften von außen, entweder direkt unter Beteiligung des Bischofs oder durch Gott auferlegt bzw. zugefügt werden. Grundsätzlich lassen sich körperliche Sanktionen, materielle Sanktionen und soziale Sanktionen unterscheiden. Die Sanktionen können im Hinblick auf die erläuterten Vorstellungen oder Grundmotive von Strafe und Buße entweder als materielle Buße (*compositio*), als religiöse Buße (*paenitentia*) oder, wenn sie vordergründig nicht auf einen Ausgleich sondern auf Vergeltung abzielen, als Strafe qualifiziert werden.

2.2. Reichskirchenpolitik: Die Stellung des Bischofs

Die Forschung hat den Episkopat der ottonischen und salischen Zeit in zahlreichen umfassenden Beiträgen und Einzeluntersuchungen, insbesondere im Hinblick auf die folgenreichen Ereignisse im Zusammenhang mit dem Investiturstreit und dem berühmten „Gang nach Canossa", immer wieder beleuchtet. Es entstand ein facettenreiches Gesamtbild. Aus der sicheren Entfernung von 1000 Jahren ergibt sich ein scheinbar geschlossenes Bild jener ottonisch-salischen Reichskirchenpolitik, das in der älteren Forschung seit den 1950er Jahren irreführender Weise sogar als „Reichskirchensystem" bezeichnet wurde.[87] In dieses Bild fügte sich die Vorstellung eines idealtypischen Reichsbischofs, die für den gesamten Zeitraum gültig zu sein schien.

Die neuere Forschung hat berechtigte Zweifel an dem vereinheitlichenden und idealisierenden Bild der ottonisch-salischen Reichskirche ausgesprochen.[88] Das, was lange Zeit in der Forschung als „Reichskirchensystem" be-

---

87 Vgl. hierzu und zu der neuen Einschätzung des Phänomens Schieffer, Rudolf: Der geschichtliche Ort der ottonisch-salischen Reichskirchenpolitik (Nordrhein-Westfälische Akademie der Wissenschaften; Vorträge; Geisteswissenschaften; G 352), Opladen/Wiesbaden 1998 mit weiterführender Literatur; zum Begriff „Reichskirchensystem" besonders ebd. S. 7f.; wesentlich für dessen Verbreitung vor allem, Santifaller, Leo: Zur Geschichte des ottonisch-salischen Reichskirchensystems (Österreichische Akademie der Wissenschaften, Philosophisch-Historische Klasse, Sitzungsberichte, Bd. 229, 1. Abhandlung), Wien [2]1964.

88 Zu den neueren Standpunkten wiederum Schieffer: Reichskirchenpolitik.

zeichnet wurde, bettet sich bei genauerer Betrachtung und unter Berücksichtigung neuerer Forschungsergebnisse in einen „breiten, viele Jahrhunderte umgreifenden Entwicklungsstrom“[89] ein. Es ist nicht mehr davon auszugehen, dass die so bezeichnete Entwicklung von einem bestimmten historischen Ereignis oder einer bestimmten Person gezielt initiiert wurde. Dennoch lassen sich einige spezifische Merkmale ausmachen, die diese Epoche charakterisieren. Rudolf Schieffer folgend ist insbesondere ein Wandel in der Regierungspraxis festzuhalten, der mit einem Schwund an schriftlicher Administration einherging.[90] Persönliche Bindung, okkasionale Konfliktbewältigung und symbolisches Handeln ersetzten die alten karolingischen Kapitularien und andere schriftliche Weisungen, die zuvor auch in kirchlichen Belangen Anwendung fanden. Vor diesem Hintergrund entwickelte sich die Praxis der Investitur der Bischöfe mit Ring und Stab durch den König in Person.[91] Im Gegenzug waren sie König und Reich in vielfältiger Form verpflichtet.

Es gibt also noch immer Anlass genug, jenes Phänomen begrifflich benennen und abgrenzen zu können. Im Bewusstsein der Gefahr zu generalisieren, was sich im Detail uneinheitlich darstellt, soll daher im Folgenden dennoch von „ottonisch-salischer Reichskirchenpolitik“ bzw. „ottonisch-salischer Reichskirche“ gesprochen werden, wenn die spezifische Herrschaftspraxis und -struktur jener Zeit, welche die Forschung unter diesen und ähnlichen Begriffen rekonstruiert hat, gemeint ist.

Diese ottonisch-salische Reichskirchenpolitik ist ganz allgemein durch eine intensive Verbindung zwischen königlicher Zentralgewalt und Reichskirche gekennzeichnet. Der Begriff Reichskirche umfasst dabei jene Kirchen, die in besonderen Rechts- und Herrschaftsbeziehungen zum König standen, also alle Bischofskirchen, einige bedeutende Reichsklöster und Stifte sowie kleinere königliche Eigenkirchen. Keineswegs alle Kirchen im Reichsgebiet.[92]

---

[89] Ebd., S. 27.

[90] Ebd., S. 26.

[91] Vgl. ebd., S. 23.

[92] Hierzu und zum folgenden Überblick vgl. Hilsch: Das Mittelalter, S. 100ff; Keller, Hagen, Althoff, Gerd: Die Zeit der späten Karolinger und der Ottonen. Krisen und Konsolidierungen 888-1024 (Gebhardt. Handbuch der deutschen Geschichte 3), 10. neubearb. Aufl., Stuttgart 2008, S. 364-372 mit der Literatur.

Die rechtliche Verbindung von Kirche und Königtum gründet sich auf die Verleihung von Immunitäten durch den König. Sie machten aus den jeweiligen kirchlichen Einrichtungen eigene, vom weltlichen Adel weitgehend unabhängige Herrschaftskomplexe. Die bereits in der Spätantike wurzelnde Praxis der Immunitätenverleihung konzentrierte sich ab karolingischen Zeiten auf den kirchlichen Sektor und ging zunehmend mit umfangreichen Güterübertragungen einher. Während die betroffenen Kirchen die Immunität als Befreiung vom weltlichen Adel und Gleichstellung mit ihm ansehen konnten, hatte der König diese zu schützen und wurde zur einzigen Rechtfertigungsinstanz der so entstehenden Reichskirche.[93]

Durch die kanonisch verordnete, wenn auch nicht immer tatsächlich eingehaltene Ehelosigkeit des geistlichen Standes konnte der König einer Vererbung und Allodialisierung des Reichs(kirchen)gutes vorbeugen. Indem er die Investitur der Bischöfe faktisch übernahm, während man formal an der kanonisch vorgeschriebenen Wahl durch Klerus und Volk festhielt, gelang es ihm, weitreichenden Einfluss auf die Reichskirche zu nehmen.[94] Unterstützend für die Rechtfertigung und Praxis einer Unterordnung der Kirche unter einen Herrscher hat dabei, neben tradierten Kontinuitäten aus spätantiker Zeit, vor allem die sakrale Qualität des Königtums gewirkt, die sich in der kirchlichen Salbung während der Krönungszeremonie und der damit verbundenen Erhöhung des Königs über die Laien symbolisch manifestierte.

Ab der Zeit Ottos I. kommt es zu einer Intensivierung dieser langfristig angelegten Tendenzen. Mit seinem Herrschaftsantritt wird daher auch die spezifische, ottonisch-salische Reichskirchenpolitik angesetzt.

---

93 Vgl. Schott, Clausdieter, Romer, Hermann: s.v. „Immunität", in: LexMA 5 (1991), S. 390-392, hier S. 391: „Wo die Zentralmacht den erklärten Schutz praktiziert (v. a. gegenüber Kirchen und Kl.), konkretisiert sich dieser zur Kg.sherrschaft."

94 Vgl. Schieffer: Reichskirchenpolitik, S. 23: „Die Prozedur resultierte aus konkludenten Umständen und kam deshalb gleichsam lautlos in Gebrauch, allem Anschein nach sporadisch schon im Ostfrankenreich des späten 9. Jahrhunderts […], bevor sich die Investitur dann als fester Bestandteil eines insoweit zeitgerechten erneuerten Herrscherzeremoniells der Liudolfinger vollends durchsetzte."

> „Ob für Otto den Großen die langwierigen Auseinandersetzungen mit den Herzogtümern das wichtigste Motiv für den intensivierten Ausbau der Reichskirche zu einer zentralen Stütze für die Königsmacht (seit 953) darstellten, ist in der Forschung umstritten. Fest steht allerdings: Neben dem Königtum bildete die Kirche die einzige über den Stämmen stehende Instanz im Reich."[95]

Aus der engen Verknüpfung des Königtums mit der Reichskirche entstanden den Kirchen, insbesondere ihren Bischöfen, im Gegenzug umfangreiche Verpflichtungen, die unter dem Begriff *servitium regis* zusammengefasst werden. Der Begriff ist in seiner hier relevanten Bedeutung erst ab karolingischen Zeiten in Gebrauch. Die so benannten Leistungen sind bis zum 13. Jahrhundert von vitaler Bedeutung für das Königtum.[96] Der weitere Begriff umfasst sämtliche Leistungen und Dienste, die von den Bistümern und Abteien bzw. deren Bischöfen und Äbten für König und Reich zu erbringen waren. Dazu zählte die Hoffahrt, d.h. die Anwesenheit am Hof als politische Berater, als Diplomat bei Gesandtschaften und in Verhandlungen oder als Hofrichter ebenso wie die Bereitstellung beträchtlicher militärischer Kontingente, welche die Bischöfe gegebenenfalls auch persönlich ins Feld führten.[97]

Das *servitium regis*, als Königsdienst im engeren Sinne, bezeichnet hingegen die teilweise beträchtlichen reichskirchlichen Leistungen, die zur Versorgung des wandernden Königshofes zu erbringen waren. Die Tendenz zur Inanspruchnahme dieser Leistungen steigt im Rahmen der Intensivierung der ottonisch-salischen Reichskirchenpolitik an. Die Hauptlast der Königsgastung tragen die Reichsbischöfe erst unter Heinrich II. (ab 1002), in dessen Regierungszeit auch die Hochzeit der ottonisch-salischen Reichskirchenpolitik datiert wird.[98]

Die Zeit des „Investiturstreits" zwischen 1075 und 1122, der in seinen Anfängen tatsächlich eher ein Streit um die Stellung von Kaiser und Papst im politischen Gefüge ihrer Zeit schlechthin war und sich auf viele Felder erstreckte, von denen die Investiturfrage erst ab 1100 zum dominierenden

---

95 Hilsch: Das Mittelalter, S. 103.

96 Vgl. Brühl, Carlrichard: s.v. „Servitium Regis", in: LexMA 7 (1995), S. 1796-1797.

97 Vgl. Keller, Althoff: Krisen und Konsolidierungen, S. 369f.

98 Hilsch: Das Mittelalter, S. 104f.

Thema wurde, brachte tiefgreifende und unrevidierbare Veränderungen nicht nur im Herrschaftsgefüge, sondern auch im Bewusstsein der Zeitgenossen mit sich. „Das Ergebnis war ein erstes Auseinandertreten, wenn auch keine völlige Trennung, von Kirche (*sacerdotium*) und „Staat" (*imperium*)."[99]

Dieses Auseinandertreten spiegelt sich in mehrfacher Hinsicht in jenen zwei Dokumenten, die von Leibniz das „Wormser Konkordat" genannt wurden.[100] Es handelt sich um zwei Urkunden, jeweils eine von Papst Calixt II. (Calixtinum) und eine von Heinrich V. (Heinricianum), die zum Zwecke des Ausgleichs ausgetauscht wurden. Während der König darin auf die Investitur der Bischöfe mit den geistlichen Symbolen Ring und Stab verzichtete und die Rückgabe entzogener Rechte und Güter zusicherte, gestand der Papst ihm insofern weiterhin Einfluss zu, als er bei der Bischofswahl anwesend sein konnte und im Streitfalle als schlichtende Instanz eingreifen sollte. Während kanonische Wahl und Weihe des Bischofs sowie die Einführung in seine geistlichen Vollmachten nun Sache der Kirche waren, blieb die Investitur in seine weltliche Herrschaft, die Verleihung der sogenannten Regalien, in den Händen des Königs und erhielt damit eindeutig lehnsrechtlichen Charakter. Die Annahme der Regalien verpflichtete den Bischof weiterhin – und nun mit Zusicherung des Papstes – zum Reichsdienst.[101]

Dennoch wurde hier erstmals zwischen geistlichen Rechten (Spiritualien) und weltlichen Rechten (Temporalien) unterschieden. Diese begriffliche Ausdifferenzierung, die auf theoretische Diskurse im späteren Frankreich zurückgeht, trug dazu bei den Investiturstreit als solchen beizulegen. Sie führte aber auch zu einem differenzierteren Bewusstsein bezüglich der königlichen Herrschaft, die an Sakralität einbüßte und der Papstherrschaft, die den Anspruch Gregors VII. auf Vorrang vor jeder weltlichen Herrschaft innerhalb

---

[99] Ebd., S. 134, vgl. zum Folgenden ebd., S. 133ff.

[100] Vgl. Struve, Tilman.: s.v. „Wormser Konkordat", in: LexMA 9 (1998), S. 336-337.

[101] Vgl. Struve: s.v. „Wormser Konkordat", S. 336-337, ebd.: „Ausdrückl. wurde betont, daß die Geistlichen die aus der Regalienleihe resultierenden Gegenleistungen, Lehenshuldigung und Treueid nebst den sich hieraus ergebenden Verpflichtungen, nach Reichsrecht zu erfüllen hatten."

der Christenheit relativieren musste.[102] Im Schatten dieser langwierigen Auseinandersetzungen gelang es hingegen den Fürsten, ihre Macht auf Kosten der Zentralgewalt auszuweiten.[103]

Obwohl damit nicht die enge Verbindung von Königtum und Reichskirche als solche beendet wurde, soll das Wormser Konkordat hier den Endpunkt spezifisch ottonisch-salischer Reichskirchenpolitik markieren. Die frühen Staufer versuchten zwar erneut mit einigem Erfolg, den Reichsepiskopat als Stütze der Königsmacht zu reaktivieren und an die Politik ihrer Vorgänger anzuknüpfen, dies geschah nun aber unter anderen Vorzeichen, von denen einige bereits angedeutet wurden und andere sich aus dem allgemeinen und umfassenden Wandel, der ab dem Beginn des 12. Jahrhunderts zu beobachten ist, ergeben.

Aus rechtshistorischer Perspektive fällt die ottonisch-salische Herrschaft – unter dem Gesichtspunkt einer öffentlichen (Straf-) Gerichtsbarkeit betrachtet – nach dem Zerfall des vergleichsweise zentralisierten fränkisch-karolingischen Reiches, mit seiner auf den Täter-Opfer Ausgleich abzielenden Rechtsprechung in Form des Kompositionensystems, in eine Phase wieder erstarkender (gewalttätiger) Selbsthilfe.[104] Für die Rechtshistoriker ist diese Phase besonders insofern interessant, als sie unmittelbar vor dem Einsetzen einer umfangreichen, schriftlich fixierten und damit besser zu rekonstruierenden Rechtswissenschaft ab dem 12. Jahrhundert angesiedelt ist.[105] So sind die verschiedenen monokausalen Erklärungsmodelle der älteren Forschung[106] für

---

102 Ebd.: „Aufgrund der lehensrechtl. Ausgestaltung des Verhältnisses zw. Reichsoberhaupt und Reichsbf.en und -äbten wurden diese zu Vasallen des Kg.s. Damit waren sie reichsrechtl. den weltl. Fs.en gleichgestellt. Wie diese waren sie hinfort darauf bedacht, sich ein fsl. Territorium zu schaffen. Durch das W. K. wurden die ursprgl. ungeschiedenen Rechte des Kg.s auf die Temporalien beschränkt. Dies war das Ergebnis jener die Auseinandersetzungen des Investiturstreites begleitenden Bestrebungen nach Entsakralisierung der herrscherl. Stellung. Andererseits wurde damit jedoch eine Entwicklung eingeleitet, die zu einem säkularen Staat hinführen sollte."

103 Vgl. Hilsch: Das Mittelalter, S. 139ff.

104 Vgl. Kéry: Gottesfurcht und irdische Strafe, S. 2f.; vgl. ebd., S. 13ff.

105 Vgl. ebd., S. 79.

106 Vgl. hierzu ebd, S. 1-4; Wadle, Elmar: Die peinliche Strafe als Instrument des Friedens, in: Johannes Fried (Hg.): Träger und Instrumentarien des Friedens im hohen und spä-

die zu beobachtende, rasche Ausbreitung der Blutgerichte ab dem 12. Jahrhundert besonders deshalb unbefriedigend, weil „bestimmte strafrechtliche Phänomene und Institutionen nicht nur nacheinander, sondern auch nebeneinander und gleichzeitig zu beobachten sind“[107] und sie daher vor allem „weitere, schwer zu beantwortende Fragen herausfordern“[108].

In diesem Kontext steht auch diese Untersuchung. Es kann hier zwar nicht der tatsächlichen Strafpraxis der Bischöfe nachgespürt werden, sehr wohl aber der Mentalität, aus welcher heraus die Bischöfe nicht nur handelten, sondern an der sie auch gemessen wurden. Damit wird ein Schlaglicht auf jene Deutungs- und Wertehorizonte geworfen, die mittelbar über die Religiosität und unmittelbar durch das kanonische Recht auf die Entwicklung der mitteleuropäischen Rechtsverfassung einwirkten.

Für die angemessene Bewertung der Quellen ist ein kurzer Blick auf die rechtliche Stellung und das Ausmaß richterlicher Kompetenzen des Bischofsamtes im Untersuchungszeitraum nötig. In Anbetracht der vielschichtigen, personengebundenen und oft undefinierten Rechtslage erweist sich dies als schwierig. So heißt es im Lexikon des Mittelalters diesbezüglich:

> „Im 10. Jahrhundert erhielten Bischöfe oft ihre bischöflichen Ämter zu Lehen, mußten ihren weltlichen Lehnsherren einen Lehnseid leisten und spielten in der weltlichen Verwaltung eine große Rolle, weil ihnen Grundbesitz und Rechte als Regalien verliehen wurden. So übten Bischöfe in ihren Städten (Bischofsstadt) auch die weltliche Oberhoheit aus.“[109]

Was bedeutet das konkret für die richterlichen Kompetenzen des Bischofs? Seit der Karolingerzeit hatte sich die „klassische“ zweigliedrige Form der Frohnhofs- oder Villikationsverfassung als bedeutendste Organisationsform

---

ten Mittelalter (VuF 43), Sigmaringen 1995, S. 229-247, besonders S. 239-240; Willoweit, Dietmar: Programm eines Forschungsprojektes, in: ders. (Hg.): Die Entstehung des öffentlichen Strafrechts. Bestandsaufnahme eines europäischen Forschungsproblems (Konflikt, Verbrechen und Sanktion in der Gesellschaft Alteuropas. Symposien und Synthesen 1), Köln u.a. 1999, S. 1-12, hier S. 3-4.

[107] Kéry: Gottesfurcht und irdische Strafe, S. 3.

[108] Willoweit: Forschungsprojekt, S. 2-3.

[109] Pennington, Kenneth: s.v. „Bischof, -samt“, in: LexMA 2 (1983), S. 230-233, hier S. 231.

sowohl für Königsgut als auch für geistliche Grundherrschaften herausgebildet.[110] „Grundherrschaft" meint dabei im frühen Mittelalter, im Gegensatz zu seiner differenzierten Bedeutung zu Beginn der Neuzeit, die weitgehende Einheit der durch Grundbesitz vermittelten Herrschaft, der Leib- und der Gerichtsherrschaft.[111] Der Bischof als Grundherr war also weit mehr als bloßer Grundbesitzer.

> „[Grundherrschaft] war zugleich auch Herrschaft über die den Boden bebauenden Leute, und zwar nicht nur über zins- und dienstpflichtige Unfreie, sondern auch über zinspflichtige Freie [...]. Der Hofrechtsverband der Grundherrschaft überschnitt sich also mit dem allgemeinen Recht und berührte den Gerichtsstand und die öffentlichen Pflichten freier Leute"[112].

Es ist auf verfassungsrechtlicher Ebene ausführlich, aber ohne eindeutiges Ergebnis darüber diskutiert worden, inwieweit die Grundherrschaft bereits öffentlich-rechtliche Qualität im Sinne eines „staatlichen" Charakters mittelalterlicher Verfassung beanspruchen konnte.[113] Dies kann auch erklären, warum eine eindeutige Bestimmung richterlicher Kompetenzen des Bischofsamtes aus rechts- und verfassungsgeschichtlicher Perspektive schwerfällt, wenn sich nämlich die Zuweisung und Definition solcher Kompetenzen an neuzeitlichen Vorstellungen von „öffentlichem Recht" und „staatlicher Verfasstheit" orientieren. Dass der Bischof als Grundherr über solche richterlichen Kompetenzen verfügte, ist hingegen unbestritten.

Im Zuge der ottonisch-salischen Reichskirchenpolitik lag es im Interesse des Königs, die Stellung der königsnahen Bischöfe und Äbte durch die Vergrößerung ihrer Grundherrschaften und die Verstärkung ihrer rechtlichen

---

110 Vgl. Kroeschell: Rechtsgeschichte 1, S. 117-118; Rösener, Werner: s.v. „Villikation", in: LexMA 8 (1997), S. 1694-1695; allgemein Kuchenbuch, Ludolf: Grundherrschaft im frühen Mittelalter (Historisches Seminar, N.F. 1), Idstein 1991.

111 Vgl. Kroeschell: Rechtsgeschichte 1, S. 118; Schreiner, Klaus: „Grundherrschaft". Entstehung und Bedeutungswandel eines geschichtswissenschaftlichen Ordnungs- und Erklärungsbegriffs, in: Hans Patze (Hg.): Die Grundherrschaft im späten Mittelalter 1 (Vorträge und Forschungen 27), Stuttgart 1983, S. 11-74.

112 Kroeschell: Rechtsgeschichte 1, S. 118.

113 Ebd., S.114-115 mit der entsprechenden Literatur.

Sonderstellung weiter zu festigen. Das hatte auch Auswirkungen auf die richterlichen Kompetenzen der Bischöfe:

> „Hatte noch in der karolingischen Zeit der Graf als der nunmehrige Vorsitzende des allgemeinen Gerichts wenigstens über die schweren Verbrechen richten und die Auslieferung der Täter verlangen können, so erhielt die Kirche in der ottonischen Zeit die volle Gerichtsbarkeit auch für Kriminalfälle. Die gerichtlichen Kompetenzen in den geistlichen Immunitäten hatten damit den gleichen Umfang erlangt wie in der Grafschaft. Folgerichtig findet man denn auch in vielen Bischofsstädten einen vom Bischof eingesetzten Stadtgrafen. Zumeist freilich wird die hohe Gerichtsbarkeit in der Immunität vom Bischof einem benachbarten Grafen oder Herzog übertragen, der sie als Vogt der Immunität ausübt."[114]

Wenn auch der Vogt im Auftrag des Bischofs große Teile insbesondere der weltlichen Gerichtsbarkeit übernahm, so war es dem Bischof doch grundsätzlich möglich, innerhalb der gesamten Bandbreite der Rechtssprechung zu wirken. Ihm kam damit eine umfassende Sanktionskompetenz zu.

Mit der Ausweitung der gerichtlichen Kompetenzen des Bischofs zog sozusagen auch personell das kirchliche Rechtsdenken mit seinen theologischen Grundlagen, seiner Vorstellung von göttlicher Ordnung und christlicher Moral und seiner formellen, im Kanonischen Recht schriftlich fixierten Struktur in die im weitesten Sinne „öffentliche" Rechtsprechung ein. Dabei ist der Einfluss kirchlicher bzw. kanonischer Rechtsprechung auf das weltliche Recht generell unbestritten. Das Kirchenrecht, mit dem Bischof als maßgeblicher Instanz, prägte ohnehin über den innerkirchlichen Bereich hinaus weite Teile des gesellschaftlichen Lebens.[115]

Mit dem Bischofsamt als dem höchsten kirchlichen Amt war von jeher eine Aufsichts- und Disziplinierungskompetenz innerhalb der Kirche verbunden.[116] Eine Ausweitung dieser Kompetenzen auf der Basis des moralisch-sittlichen Anspruches der Kirche und ihrer Vertreter fand in Form der Etab-

---

[114] Kroeschell: Rechtsgeschichte 1, S. 128.

[115] Vgl. u.a. Weigand, Rudolf: s.v. „Kanonisches Recht", in: LexMA 5 (1991), S. 904-907.

[116] Vgl. Merzbacher, Friedrich: s.v. „Bischof", in: HRG 1 (1971), S. 439-446, hier S. 440: „Bereits im 3. Jh. empfing der B. das gemeindliche Richteramt, wurde er *iudex ordinarius*. Er ist Inhaber der Hirtengewalt (iurisdictio ordinaria) innerhalb seines Bistums, d.h. eigenberechtigter Leiter und Gerichtsherr seiner Diözese."

lierung bischöflicher Sendgerichte schon ab der Mitte des 9. Jahrhunderts statt. Aus den älteren, kirchenrechtlich verordneten Visitationen, ursprünglich zur Kontrolle der Kleriker, ihrer Amtsführung, des Zustandes der Kirchengebäude und der gottesdienstlichen Geräte konzipiert, entwickelte sich zunehmend, besonders in Deutschland und Nordfrankreich[117], ein „Instrument der kontinuierlichen und jedes einzelne Dorf erfassenden Rechtspflege"[118].

Erste Belege hierfür bietet ein dem Konzil von Meaux (845) zugeschriebener Kanon.[119] Derartige Visitationen sollten theoretisch alljährlich durchgeführt werden, in der Praxis fand aber „wohl jedes vierte Jahr oder auch zweimal in sieben Jahren ein solcher Besuch des Bischofs in den einzelnen Pfarreien und damit auch das Sendgericht"[120] statt. Dieses Gericht verhandelte nicht nur geistliche Angelegenheiten, Eherecht, Übergriffe auf Kleriker und Kirchen, Eidbrüche und Meineide, sondern auch Delikte wie Mord, Inzest und „viele andere Angelegenheiten"[121], die durch eigens bestellte und vereidigte Sendzeugen auf Befragen dem Sendgericht zur Kenntnis gebracht wurden.[122] Diesen fiel offenbar zunehmend auch die Aufgabe zu, Vorwürfe auf ihren Gehalt zu prüfen, um unqualifizierte Denunziationen zu vermeiden. Es handelte sich also „im Volksempfinden und nach der damaligen Prozeßvorstellung um Personen, die die 'amtliche' Funktion des 'öffentlichen An-

---

[117] Vgl. Hartmann, Wilfried: Probleme des geistlichen Gerichts im 10. und 11. Jahrhundert. Bischöfe und Synoden als Richter im ostfränkisch-deutschen Reich, in: La giustizia nell`alto medievo (secoli IX-XI) (Settimane di studio del Centro Italiano di Studi sull`Alto Medioevo 44), Spoleto 1997, S. 631-667.

[118] Kéry: Gottesfurcht und irdische Strafe, S. 66.

[119] Vgl. Concilio Meldensi Titulo LXXX, hg. v. Wilfried Hartmann, in: ders. (Hg.): Die Konzilien der karolingischen Teilreiche (MGH Conc. 3), Hannover 1984, S. 130-131.

[120] Kéry: Gottesfurcht und irdische Strafe, S. 66; vgl. dazu Lamprecht, Daniel: De parochiale synode in het bisdom Doornik gesitueerd in de Europese ontwikkeling, 11de eeuw – 1559 (Verhandelingen van de koninklijke Academie voor wetenschapen, letteren en schone kunsten van België, klasse der letteren Jaargang 46, Nr. 113), Brüssel 1984, S. 37-42.

[121] Kroeschell: Rechtsgeschichte 1, S. 130.

[122] Vgl. Kéry: Gottesfurcht und irdische Strafe, S. 75ff.

klägers' übernahmen"[123]. Kéry fasst zusammen, dass bereits „in der Frühzeit des Sendgerichts [...] einige Elemente einer öffentlichen Strafgerichtsbarkeit festzustellen sind."[124] Dabei blieb der Bischof, trotz anderslautender Theorien, aller Wahrscheinlichkeit nach zumindest bis zum Ende des 11. Jahrhunderts auch die maßgebliche urteilende Instanz.[125]

Das Sendgericht zeigt beispielhaft, in welchem rechtlichen Rahmen der Bischof qua seiner Stellung strafen bzw. Bußen auferlegen konnte. Solche Rechtsprechungsakte fanden im weitesten Sinne in der „Öffentlichkeit" statt, enthielten Elemente einer öffentlichen Strafgerichtsbarkeit[126], waren an gewisse Formen gebunden und beanspruchten die Mithilfe Dritter.[127] Sie bildeten eine wesentliche Stütze der bischöflichen Autorität.[128] Hartmann konnte nachweisen, dass dabei mit größter Gewissheit auch auf schriftliche Kanones und Bußbücher zurückgegriffen wurde.[129] Für unseren Zeitraum gewinnt vor allem das für den praktischen Gebrauch konzipierte Sendhandbuch Reginos von Prüm an Bedeutung, dessen umfangreiche Verbreitung und Überlieferung auch als Indiz für die tatsächliche Nutzung dieser normativen Schrift gilt.[130] Ihr entnehmen wir nicht nur, dass über Kleriker und Laien getrennt verhandelt wurde und welche Fragen an diese zu stellen waren, sondern

---

[123] Trusen, Winfried: Der Inquisitionsprozeß. Seine historischen Grundlagen und frühen Formen, in: ZRG KA 74 (1988), S. 173-174; vgl. hierzu auch: Kéry: Gottesfurcht und irdische Strafe, S. 65ff.; Lamprecht: parochiale synode, S. 13.

[124] Kéry: Gottesfurcht und irdische Strafe, S. 68.

[125] Zu der Diskussion um die Frage, wer die Urteiler im Sendgericht waren vgl. ebd., S. 76-79 mit der Literatur. Ich schließe mich Hartmann an. Hartmann: Probleme, S. 674: *„weder die Sendordnungen noch die erzählenden Quellen lassen erkennen, daß die Sendzeugen mehr waren als Vertrauenspersonen des Bischofs in den einzelnen Gemeinden, die Delikte und ihre Täter vor das Gericht brachten, also denunzierten. Für eine Rolle der Sendzeugen als Urteiler gibt es in dem von mir untersuchten Zeitraum, also bis zum Ende des 11. Jahrhunderts, keinen Beleg."*

[126] Kéry: Gottesfurcht und irdische Strafe, S. 69.

[127] Vgl. ebd., S. 81.

[128] Vgl. Kroeschell: Rechtsgeschichte 1, S. 130.

[129] Hartmann: Probleme, S. 631-674.

[130] Zu Autor, Inhalt und Verbreitung vgl. Hartmann, Wilfried (Hg./Übers.): Das Sendhandbuch des Regino von Prüm / Reginonis Prumensis Libri Duo De Synodalibus Causis Et Disciplinis Ecclesiasticis (Ausgewählte Quellen zur deutschen Geschichte des Mittelalters 42 = FSGA 42), Darmstadt 2004, S. 3-9.

auch, welche Art von Sanktion für bestimmte Vergehen als angemessen betrachtet wurde. Dabei zeigt sich, dass die Bandbreite von Abfindungen und Fastenübungen, über Schläge, Kerkerhaft oder lebenslange Eheverbote bis hin zur Verbrennung[131] reicht.

Es gilt also zusammenfassend festzuhalten, dass dem Bischof im Rahmen seiner richterlichen Tätigkeit ein umfangreiches Repertoire an Sanktionen zur Verfügung stand, welches er auf Kleriker wie Laien, in manchen Fällen sogar auf Adelige[132], anwenden konnte. Zwischen Strafe und Buße wird dabei nicht ausdrücklich unterschieden.

2.3. Die Bischofsvita als Quelle

Die Mehrzahl mittelalterlicher Viten ist speziell christlichen Heiligen gewidmet und fällt damit – streng terminologisch betrachtet – unter die hagiographischen Quellen. Die christliche Hagiographie steht in der Tradition vergleichbarer antik-heidnischer Gattungen und hat ihre Formen weiter verwendet, ohne sie direkt zu übernehmen. Inhaltlich ist sie allerdings eigene Wege gegangen.

> „Spezifisch christlich ist im Unterschied etwa zu einer antiken Heroenvita 1) die Darstellung des Heiligen als eines von Gott Begnadeten und Abhängigen – nicht Gottgleichen; 2) die Einordnung seines Lebens in die Heilgeschichte; 3) die Relevanz seines Lebens für die gesamte christliche Gemeinde in engem Zusammenhang mit dem Gottesdienst – nicht als Lektüre für eine Elite; 4) das Verständnis des Heiligenlebens als Nachfolge Christi – so werden beispielsweise die «virtutes» des Heiligen, die schon in der antiken Biographie nicht nur Tugenden, sondern auch göttliche Kräfte bezeichnen [...] nicht um ihrer selbst willen, sondern in bezug [sic] auf den Nächsten – und nicht aus sich selber, sondern durch Gottes Eingreifen wirksam."[133]

---

131 So z.B. bei männlicher Prostitution. Vgl. Regino von Prüm: Reginonis Prumensis Libri Duo De Synodalibus Causis Et Disciplinis Ecclesiasticis, Lib. II C.CCLXII (FSGA 42, S. 372-/375): *Huiusmodi scelus spectante populo flammis vindicibus expiabis.* Übers. Hartmann, ebd.

132 Vgl. Hartmann: Probleme, S. 657-658.

133 Haarländer: Vitae Episcoporum, S. 3, Anm. 13.

Stephanie Haarländer kommt nicht nur das Verdienst zu, die Bischofsviten unseres Zeitraumes im *regnum teutonicum* erfasst und ausführlich auf ihre Stellung zwischen Hagiographie und Historiographie hin untersucht zu haben, sie bietet auch eine gute Darstellung des bisherigen Ganges der Forschung, der hier somit nicht im Detail referiert zu werden braucht.[134] Hinzuweisen ist aber auf einige wesentliche Aspekte.

In den mittelalterlichen Bischofsviten als biographischen Darstellungen[135] vorbildlicher Menschen vermengen sich Faktizität und Normativität[136] derart, dass sie von den Historikern lange Zeit als seriöse Quellen in Zweifel gezogen wurden. Die spezifische Intention der Viten

> „verlangt die Darstellung von Sein und Sein-Sollen zugleich, wenn nicht sogar den Beweis, daß beides übereinstimmt, und drückt diese Übereinstimmung in religiöser Sprache [...] aus [...]. Solche Aussagen lassen sich zwar religionsgeschichtlich einordnen, entziehen sich jedoch in ihrem Kern der Erfaßbarkeit durch das historische Instrumentarium"[137].

Inwiefern die Gattung allerdings ungeachtet ihrer Intention oder gerade durch diese als wertvolle Quelle fruchtbar gemacht werden kann, hängt maßgeblich von den Fragen ab, die an sie herangetragen werden. Ein wichti-

---

134 Vgl. ebd., S. 1ff. mit der Literatur. Vgl. auch Zielinski, Herbert: Der Reichsepiskopat in spätottonischer und salischer Zeit (1002-1125). Teil 1 (mehr nicht erschienen), Stuttgart 1984, S. 3-15.

135 Ich schließe mich der überzeugenden Argumentation von Stephanie Haarländer und Walter Berschin an und verwende die Begriffe Biographie und Biograph synonym für die Vita und deren Autoren. Haarländer: Vitae Episcoporum, S. 2: „Wenn man die spezifische Sicht dieser Zeit, ihre Formen und Inhalte grundsätzlich als ebenso möglich und gültig betrachtet wie die heutigen [...], muß man auch den Autor einer mittelalterlichen Biographie nicht länger dafür entschuldigen, dass er die Erwartungen seiner modernen Leser nicht zu erfüllen vermag [...]." Vgl. hierzu auch Berschin, Walter: Biographie und Epochenstil im lateinischen Mittelalter. I. Von der Passio Perpetuae zu den Dialogi Gregors des Großen (Quellen und Untersuchungen zur Lateinischen Philologie des Mittelalters 8), Stuttgart 1986, S. 13-21.

136 Vgl. Haarländer: Vitae Episcoporum, S. 3.

137 Ebd., S. 2; vgl. als Beispiel für die kritische Sichtweise der Hagiographie Heffernan, der sie als „fromme Fiktion" oder „panegyrische Stilübung" auffasst. Heffernan, Thomas J.: Sacred Biography. Saints and Their Biographers in the Middle Ages, New York-Oxford 1988, S. 16f.

ger Schritt war die Abkehr von jener Herangehensweise, die eine Quelle als bloßen „Faktensteinbruch" verstand.[138] Der Autor selbst und dessen Darstellungsabsichten im Rahmen seiner Möglichkeiten[139] gerieten in den Blick. Man versuchte den sogenannten „intentionalen Daten"[140] gerecht zu werden und eine „Vorstellungsgeschichte"[141] zu entwickeln, welche „die Sicht des mittelalterlichen Historiographen selbst zum Gegenstand der Untersuchung machte"[142].

In dieser Tradition, in der auch diese Arbeit steht, stieß man auf ein Phänomen, das unter dem Schlagwort „pragmatische Schriftlichkeit" Eingang in die Forschung fand. Es stellte sich heraus, dass nicht die Objektivität im Interesse des zeitgenössischen Publikums und damit im Zentrum der Darstellungsabsicht lag.

> „Im Gegenteil: es ging diesem Publikum um den bewussten Bezug zu damals aktuellen Problemen, um «pragmatische Schriftlichkeit» […], definiert als Schriftlichkeit ‚im Dienste praktischer Lebensbewältigung' (Hagen Keller); anders formuliert, es ging um den Einsatz ‚von Schrift und Texten, die unmittelbar zweckhaftem Handeln dienen oder die menschliches Tun durch die Bereitstellung von Wissen anleiten wollen'".[143]

Hanna Vollrath hat erstmals die Bedeutung der Erkenntnisse aus dem Forschungsfeld „pragmatische Schriftlichkeit" und dem Problemkreis „Verhält-

---

138 Vgl. hierzu Patze, Hans: Adel und Stifterchronik. Frühformen territorialer Geschichtsschreibung im hochmittelalterlichen Reich, in: BDLG 100 (1964), S. 8-81, hier S. 12; Althoff, Gerd: Widukind von Corvey. Kronzeuge und Herausforderung, in: FmSt 27 (1993), S. 253-272, hier S. 256; jüngstens Haarländer: Vitae Episcoporum, S. 5.

139 Vgl. ebd.: „seiner Begrenzungen und seiner formalen Verpflichtungen gegenüber der Gattung".

140 Zur Unterscheidung von „funktionalen Daten" und „intentionalen Daten" vgl. Schmale, Franz-Josef: Funktion und Formen mittelalterlicher Geschichtsschreibung. Eine Einführung. Mit einem Beitrag von Hans-Werner Goetz, Darmstadt 1985, S. 1ff.

141 Zum Begriff „Vorstellungsgeschichte" vgl. Goetz, Hans-Werner: «Vorstellungsgeschichte». Menschliche Vorstellungen und Meinungen als Dimension der Vergangenheit. Bemerkungen zu einem jüngeren Arbeitsfeld der Geschichtswissenschaft als Beitrag zu einer Methodik der Quellenauswertung, in AKG 61 (1979), S. 253-271.

142 Haarländer: Vitae Episcoporum, S. 5.

143 Ebd.; Keller: Pragmatische Schriftlichkeit, S. 1.

nis von Mündlichkeit und Schriftlichkeit" in der mittelalterlichen Literatur für die Geschichtswissenschaft aufgezeigt.[144] Demnach war der Einfluss der oralen Kultur auf Autoren und Rezipienten schriftlicher Texte noch stark genug, um sie wesentlich zu prägen. Das gilt insbesondere für den Umgang mündlich tradierter Geschichte mit der Vergangenheit. Sie wurde nicht als abgeschlossene Größe betrachtet, sondern diente der Legitimation der Gegenwart. Gegenwärtige Verhältnisse konnten in sie hinein projiziert, Geschichte konnte „korrigiert" werden. Diese Perspektive rückt die Darstellung vergangener Lebenswirklichkeit in ein anderes Licht. „Selbst theologische Aussagen wie Wundererzählungen haben unter diesem Blickwinkel eine spezifische Funktion, weswegen die früher gezogenen Demarkationslinien zwischen Historiographie und Hagiographie [...] obsolet geworden sind"[145]. Vor diesem Hintergrund erfuhr auch die Erforschung der Vitenliteratur einen neuen Aufschwung.

Die vorliegende Arbeit ist eine „[h]istorische Untersuchung, die sich bewusst auf das normative Element"[146] bezieht. Das Durchkämmen der Viten nach Darstellungen von Sanktionen dient, neben der Erfassung, einerseits dem Zweck herauszustellen, wie ein vom Autor als vorbildlich gedachter Bischof und Reichsfürst sanktionieren sollte, und andererseits, welche Vorstellungen dafür maßgeblich waren. Vor dem Hintergrund der Erkenntnisse über die pragmatische Schriftlichkeit wird klar, dass diese Fälle gerade insofern von Interesse sind, als sie „im Dienste praktischer Lebensbewältigung"[147] stehen konnten und gegebenenfalls „zweckhaftem Handeln dienen oder [...] menschliches Tun [...] anleiten wollen"[148]. Sie können also Hinweise auf konkrete Verhältnisse und Mentalitäten im Umfeld des Autors geben.

Die Vorbehalte gegen die in einer Vita zu erwartenden Topoi, in der älteren Forschung noch als „Sprachschablonen, Klischees, Versatzstücke, Flos-

[144] Vollrath, Hanna: Das Mittelalter in der Typik oraler Gesellschaften, in: HZ 233 (1981), S. 571-594; vgl zum Folgenden ebd.

[145] Haarländer: Vitae Episcoporum, S. 7; vgl. auch Berschin: Biographie I, S. 18.

[146] Haarländer: Vitae Episcoporum, S. 9.

[147] Keller: Pragmatische Schriftlichkeit, S. 1.

[148] Ebd.

keln verstanden"[149], sind in jüngerer Zeit durch eine treffendere Definition als „in festen Sprachformen repräsentierte Denkformen"[150] relativiert worden. Die Verwendung von Topoi spricht also nicht grundsätzlich gegen die Aussagekraft einer Quelle und lässt Rückschlüsse auf die dahinterstehenden Gedanken zu. Es spricht daher auch nichts dagegen, Viten als Quellen für normative Fragestellungen heranzuziehen.

Bei der Erforschung von Bischofsviten, als personen- oder standesbezogene Spezifikation der Gattung Vita, spielt ohnehin die Frage nach einem übergreifenden Idealbild des Bischofs eine bedeutende Rolle.[151] Die Frage nach diesem Bischofsideal und den Sprachformen, in denen es sich ausdrückt, kann zwar auch hier nicht ganz unberücksichtigt bleiben, soll aber im Folgenden nicht im Mittelpunkt stehen.

Entstehungsorte der Bischofsviten unseres Zeitraumes waren in den meisten Fällen die Skriptorien eines Klosters oder des Domstiftes der Kathedralstadt.[152] Dabei hat sich gezeigt, dass die Mehrzahl der Viten nicht aus Dom-

---

149 Haarländer: Vitae Episcoporum, S. 10; mit dem Verweis auf die ältere Literatur und derer Gegenposition.

150 Veit, Walter: Toposforschung. Ein Forschungsbericht, in: DVjs 37 (1963), S. 120-163, hier S. 128.

151 Maßgeblich dafür Köhler: Das Bild des geistlichen Fürsten. Vor dem Hintergrund der älteren Vorstellung von einem „ottonisch-salischen Reichskirchensystem" geht er von einem konstanten, mönchisch geprägten Idealbild des Bischofs bis zum Ausbruch des Investiturstreits aus. Unter Berücksichtigung der neueren Forschung sieht Odilo Engels demgegenüber bereits Ende des 10. Jahrhunderts eine langsame Veränderung des Bischofsideals und stellt dem mönchischen Leitbild ein neu aufkommendes Kanonikerideal zur Seite. Vgl. Engels, Odilo: Der Reichsbischof (10. und 11. Jahrhundert), in: Peter Berglar, Odilo Engels (Hg.): Der Bischof in seiner Zeit. Bischofstypus und Bischofsideal im Spiegel der Kölner Kirche, Festgabe für Joseph Kardinal Höffner, Erzbischof von Köln, Köln 1986, S. 41-94; Engels, Odilo: Der Reichsbischof in ottonischer und frühsalischer Zeit, in: Irene Crusius (Hg.): Beiträge zu Geschichte und Struktur der mittelalterlichen Germania sacra (Veröffentlichungen des Max-Planck-Instituts für Geschichte 93, Studien zur Germania Sacra 17), Göttingen 1989, S. 135-175; Engels, Odilo: Das Reich der Salier – Entwicklungslinien (Zusammenfassung), in: Stefan Weinfurter (Hg.): Die Salier und das Reich 3. Gesellschaftlicher und ideengeschichtlicher Wandel im Reich der Salier, Sigmaringen 1991, S. 479-541.

152 Vgl. Haarländer: Vitae Episcoporum, S. 87. Demnach konnten von 52 Viten ottonisch-salischer Zeit 46 einer solchen „Werkstatt" zugeordnet werden.

stiften stammt, sondern von klösterlichen Autoren überwiegend in den Gründungs- und Grablegeklöstern der Bischöfe verfasst wurde.[153] Stoffauswahl und -gestaltung sind einerseits vom Autor, der in vielen Fällen namentlich bekannt ist, geprägt, werden aber auch durch die jeweiligen Auftraggeber beeinflusst worden sein, da diese den Text letztendlich billigen und mitverantworten mussten. Sie sind heute allerdings nur in wenigen Fällen namentlich zu identifizieren.[154]

Bei den Viten handelt es sich zunächst um „Gebrauchsschriften". Sie dienten der Erbauung und Belehrung von Mönchen und Klerikern der jeweiligen Kirche und wurden (abschnittsweise) in der Messe, im Kapitel oder während der Mahlzeiten verlesen, konnten aber auch private Lektüre sein. Die offizielle Lesung war dabei besonders auf den entsprechenden Heiligentag bezogen.[155] Der ethisch-moralische Zweck ist unschwer auszumachen. „Das Beispiel *(exemplum)* des Heiligen sollte zum Lobe Gottes und zur Nachahmung anleiten."[156] Der Held der Vita wurde dabei zum „Repräsentanten absoluter christlicher Werte"[157].

Den Viten und verwandten Schriften kam aber auch ein nicht zu unterschätzender institutioneller Charakter zu. „[E]s ging ihnen nicht *nur* um das Heiligsein an sich, sondern um den eigenen Heiligen (der eigenen Kirche). Die Vita diente dem Kult des Heiligen, der seinerseits das Ansehen des Ortes steigerte. Insofern stand hinter den religiösen Motiven auch ein lokalpolitisches Interesse."[158] Stephanie Haarländer stellt fest, dass die Vita als Gattung

---

[153] Vgl. ebd., S. 160. Von 55 Viten stammen höchsten 14 aus dem Domstift, 31 aus klösterlichem Umfeld, 26 davon aus Gründungs- und Grablegeklöstern.

[154] Vgl. ebd., S. 87. Dort in nur 13 von 52 Fällen.

[155] Goetz, Hans-Werner: Proseminar Geschichte: Mittelalter, 3. überarb. Aufl., Stuttgart 2006, S. 130.

[156] Ebd.

[157] Ebd.

[158] Ebd.; vgl. hierzu auch Haarländer: Vitae Episcoporum, besonders S. 463; allgemein Coué, Stephanie: Hagiographie im Kontext. Schreibanlaß und Funktion von Bischofsviten aus dem 11. und vom Anfang des 12. Jahrhunderts (Arbeiten zur Frühmittelalterforschung 24), Berlin u.a. 1997.

> „zur Klosterhistoriographie im engeren Sinne einer institutionell, nicht genealogisch bestimmten Hausüberlieferung gehört und als solche im Dienst der Stiftsmemoria steht, jener typisch mittelalterlichen ständigen Vergegenwärtigung des Stifters, deren Wurzel in dem lebendigen Glauben liegt, daß sein Grab dem Kloster irdische Nähe und himmlische Wirkmächtigkeit gleichermaßen verbürgt."[159]

Dieser Gebrauch spiegelt sich in der Überlieferungsform der Viten wider. Neben zahlreichen Einzelhandschriften sind sie in der Regel „entweder ortsbezogen, gemeinsam mit liturgischen Schriften oder lokalem Verwaltungsschriftgut, in einem Codex vereint, oder aber [...] in einem sog. Legendar gesammelt und nach Festtagen, hierarchisch, chronologisch oder alphabetisch geordnet."[160] Dabei ist die jeweilige Verbreitung von Fall zu Fall regional sehr unterschiedlich. Als Erzeugnisse der klerikalen Hochkirche können Viten und hagiographische Schriften „in besonderem Maße Möglichkeiten bieten, einen Zugang zu Zeitanschauungen, Glaubensvorstellungen und Zukunftserwartungen einer Epoche zu gewähren, die ihrerseits wiederum zugleich Reflex und Motor der gesellschaftlich-politischen Veränderungen darstellen."[161]

Für diese Studie wurde versucht, angesichts der Individualität der Viten und ihrer regionalen und historischen Einbettung, eine möglichst repräsentative Auswahl zu treffen. Dafür war es einerseits maßgeblich, Viten zu wählen, die im Allgemeinen als charakteristisch für die Darstellung ottonisch-salischer Reichsbischöfe gelten und andererseits bereits ediert und hinreichend erforscht sind, um die Ergebnisse mit der bisherigen Forschung abgleichen zu können. Das soziale Umfeld der Entstehung sollte möglichst eingrenzbar und vergleichbar sein. Darüber hinaus sollten die Viten einem möglichst engen Zeitfenster entstammen, sowohl was die Wirkungszeit ihrer Helden, als auch was ihre Entstehungszeit betrifft, und dennoch einen Überblick über den Zeitraum ottonisch-salischer Reichskirchenpolitik erlauben.

Die Wahl fiel auf die Lebensbeschreibungen Ulrichs von Augsburg (923-973), Bruns von Köln (953-965) und Bernwards von Hildesheim (993-1022),

---

159 Haarländer: Vitae Episcoporum, S. 463.

160 Goetz: Proseminar, S. 132.

161 Lotter: Methodisches, S. 356.

deren Viten, neuere Vorbehalte gegen die Datierung von Teilen der Bernwardsvita vorerst ausgeklammert, innerhalb der 56 Jahre zwischen 968 und 1024 entstanden. Damit liegt der Schwerpunkt des Untersuchungszeitraumes auf der Zeit der Ausbildung der ottonischen Reichskirchenpolitik ab dem Amtsantritt Ottos I. (936) bis zu dessen intensivster Ausprägung unter Heinrich II. (1002-1024). Hinzu tritt die Vita Meinwerks von Paderborn (1009-1036). Es handelt sich also um Reichsbischöfe der ottonisch-frühsalischen Zeit. Die Meinwerksvita wurde allerdings erst in den Jahren 1155-1165, also lange nach dem Wormser Konkordat und unter geänderten politischen und gesellschaftlichen Bedingungen, verfasst. Sie soll als Referenz dienen und es ermöglichen, langfristige Kontinuitäten, Unterschiede und Entwicklungslinien aufzuzeigen. Während die drei älteren Biographien höchstens 20 Jahre nach dem Tod ihres Bischofs und damit einerseits zeitnah und andererseits noch innerhalb der unangefochten praktizierten Reichskirchenpolitik verfasst wurden, bietet die Meinwerksvita einen aufschlussreichen Rückblick.

Alle Bischöfe, deren Viten hier behandelt werden, waren zugleich herausragende Reichsfürsten. Sie gelten als Paradebeispiele für den ottonisch-salischen Reichsbischof. Insbesondere die drei älteren Viten stehen dabei im Zusammenhang mit der Entwicklung eines neuen Leitbildes, das der Stellung der Bischöfe im Reichsganzen Rechnung tragen sollte. Die Vita Meinwerks ist hingegen Zeugnis für den Erfolg oder Misserfolg dieses Ringens um ein neues Bischofsideal und zugleich für die Normvorstellungen und den Amtsbegriff ihres Autors in der Mitte des 12. Jahrhunderts. Die Biographien Ulrichs und Bernwards entstanden im jeweiligen Domkapitel, jene Bruns und Meinwerks im von ihnen gestifteten und zur Grablege bestimmten Kloster. Lotter zählt diese Viten, inklusive der Meinwerksvita, zu den rhetorisch-idealisierenden Prälaten- und Herrscherbiographien und spielt damit auf die im Vergleich zu anderen, zeitgleich entstehenden Viten, zurücktretende Bedeutung hagiographischer Elemente in ihnen an.[162]

[162] Vgl. Lotter: Methodisches, S. 307-314; hier besonders S. 310, Anm. 43; S. 313, Anm. 53.

2.3.1. Die Vita Brunonis

Brun (*925, †11. Oktober 965, Reims), der Bruder Ottos des Großen und jüngste Sohn Heinrichs I., nimmt nicht nur wegen seiner Herkunft eine besondere Stellung ein. Schon in frühester Jugend für die geistliche Laufbahn erwählt und in diesem Sinne in Utrecht und am königlichen Hof ausgebildet, übernahm er sehr früh herrschaftliche Aufgaben. Er ist als Abt des Klosters Lorsch bezeugt und wirkte, geprägt von der Gorzer Klosterreform, auch in anderen, namentlich nicht bekannten Klöstern.[163] Bereits ab dem Jahre 940, also im Alter von etwa 15 Jahren, ist er als Kanzler auf den Herrschaftsurkunden des Reiches präsent[164] und bleibt dies, ab 951 als Erzkanzler bzw. Erzkaplan[165], ein Leben lang.[166]

Während des Aufstandes Liudolfs gegen seinen Vater Otto I. gelangte Brun Mitte des Jahres 953 auf den Thron des Erzbischofs von Köln und wurde kurz darauf zusätzlich zum Herzog von Lothringen ernannt. Diese Doppelfunktion, von Ruotger mit dem in dieser Zeit einzigartigen Titel des *archidux* be-

---

[163] Hierzu besonders Stehkämper, Hugo: Brun von Sachsen und das Mönchtum. Erzbischof von Köln 953-965, in: Friedrich Knöpp (Hg.): Die Reichsabtei Lorsch (Festschrift zu Gedenken an ihre Stiftung 764, I. Teil), Darmstadt 1973, S. 301-315.

[164] Die erste in seinem Namen rekognoszierte Urkunde ist am 25. September 940 zu Corvey ausgestellt. (MG DO I nr. 35, S. 121); vgl. auch Fleckenstein, Josef: Die Hofkapelle der deutschen Könige. Teil 2: Die Hofkapelle im Rahmen der ottonisch-salischen Reichskirche (Schriften der MGH 16/II), Stuttgart 1966, S. 21ff.

[165] Zu den Vorgängen um die Ämterzersplitterung jener Zeit und deren zeitweiser Wiedervereinigung in der Person Bruns vgl. Schwenk, Hans P.: Brun von Köln (925-965) und seine Bedeutung im westfälisch-niedersächsischen Bereich, in: Niedersächsisches Jahrbuch für Landesgeschichte 67 (1995), S. 99-138; insbesondere S. 100f. mit der Literatur.

[166] Zum Folgenden vgl.: Oedinger, Wilhelm F.: s.v. „Brun I.", in: NDB 2. Band, Berlin 1955, S. 670-671; Giesebrecht, Wilhelm von: s.v. „Brun", in: ADB 3. Band, Leipzig 1876 (ND 1967), S. 424-429; Glocker, Winfried: Die Verwandten der Ottonen und ihre Bedeutung in der Politik. Studien zur Familienpolitik und zur Genealogie des sächsischen Kaiserhauses (Dissertationen zur mittelalterlichen Geschichte 5), Köln u.a. 1989, S. 119-135; Fleckenstein, Josef: s.v. „Brun I.", in: LexMA 2 (1983), S. 753-755; Umfassend: Schwenk, Hans P.: Brun von Köln (925-965). Sein Leben, sein Werk und seine Bedeutung, Espelkamp 1995.

schrieben[167], markiert in besonderer Weise einerseits seine Ausnahmestellung im Herrschaftsgefüge des Reiches, andererseits die an einen Reichsbischof allgemein geknüpften Erwartungen. Sie steht als exponiertes Beispiel für die Dopplung bzw. Einheit weltlicher und geistlicher Herrschaftsaufgaben, für die Symbiose zwischen Kirche und Reich, „königlichem Priestertum" und „priesterlichem Königtum".[168]

Brun förderte die Gorzer Kirchenreform, reformierte das Urkundenlatein und die Hofkapelle und hinterließ Spuren durch seine umfangreiche Bau- und Stiftungstätigkeit und den Erwerb zahlreicher Reliquien. Sein Ruhm in den Wissenschaften und der Philosophie ging soweit, dass Thietmar von Merseburg ihm nachsagte, er sei vom himmlischen Richter wegen seiner weltlichen Studien derart angeklagt worden, dass es der Fürsprache des heiligen Paulus bedurfte, ihn zu rechtfertigen.[169]

Zwei nachhaltige Wirkungen treten besonders hervor. Einerseits gelang es ihm, Lothringen für das ostfränkisch-deutsche Reich zu gewinnen und den ansässigen Adel nachhaltig daran zu binden. Andererseits reorganisierte er die Hofkapelle und nahm so entscheidenden Einfluss auf die ottonisch-salische Reichskirchenpolitik. Während die Institution selbst schon seit den Karolingern bestand, wurde sie nun bewusst „als Reservoir künftiger, im Königsdienst erprobter Bischöfe"[170] genutzt. Das machte sie für den geistlichen Nachwuchs der führenden Familien des Reiches attraktiv. So gelang es, die Ansprüche des Hochadels auf Partizipation an der Herrschaft auch bei hohen Kirchenämtern besser zu berücksichtigen und deren Vergabe stärker als zuvor zu formalisieren.[171] Die Hofkapelle wurde zu einem wesentlichen Faktor der Integration des Hochadels in das Reichsgefüge.[172]

---

[167] Vgl. Vita Brunonis, c. 20 (FSGA 22, S. 206/207).

[168] Vgl. Kallfelz: Lebensbeschreibungen, S. 1.

[169] Vgl. Oedinger: s.v. „Brun I.", S. 670.

[170] Schieffer: Reichskirchenpolitik, S. 24.

[171] Vgl. Finckenstein, Finck von: Bischof und Reich. Untersuchungen zum Integrationsprozess des ottonisch-frühsalischen Reiches (919-1056) (Studien zur Mediävistik 1), Sigmaringen 1989, S. 65ff.; Schieffer, Rudolf: Der ottonische Reichsepiskopat zwischen Königtum und Adel, in: FmSt 23 (1989), S. 291-301.

[172] Vgl. Schieffer: Reichskirchenpolitik, S. 24.

Brun regierte mit weitreichenden Vollmachten auch über den Bereich seiner Diözese hinaus. Er führte die Verhandlungen mit dem westfränkischen Reich, dessen Führungsschicht mit seinen Verwandten durchsetzt war, und setzte eine ganze Reihe von Bischöfen ein, wobei er bevorzugt auf Kleriker des Kölner Domklosters, also auf sein unmittelbares Umfeld, zurückgriff. Von Mai 961 bis Februar 965 herrschte er schließlich gemeinsam mit Erzbischof Wilhelm von Mainz (*929, †968) in Vertretung Ottos I., der sich in Italien aufhielt, über das gesamte nordalpine Reich und war darüber hinaus Vormund seines Neffen Ottos II., der am 26. Mai 961 in Aachen von ihm zum König gesalbt worden war. Seine Machtfülle und sein Auftreten nahmen ein solches Ausmaß an, dass Flodoard urteilen konnte, Brun habe gleichwertig Seite an Seite mit Otto I. geherrscht.[173]

Mitten in solchem Wirken befangen, erkrankte er plötzlich auf der Rückreise von Verhandlungen mit dem westfränkisch-französischen Hof und verstarb unerwartet am 11. Oktober 965 in Reims. Er wurde seinem Wunsch gemäß in der Grabeskirche des von ihm gegründeten Klosters St. Pantaleon zu Köln beigesetzt und dort als Heiliger verehrt.[174]

Der Verfasser seiner Vita heißt Ruotger und schreibt im Auftrag Erzbischof Folkmars von Köln, dem Nachfolger Bruns. Den Editoren der Vita nach ist es wahrscheinlich, dass er „Mönch und Scholaster des Klosters St. Pantalon"[175] war.[176] Über seine genaue Stellung und Abkunft ist allerdings nichts bekannt. Verschiedene Formulierungen in der Vita selbst weisen darauf hin, dass er bereits längere Zeit zum entfernteren Kreis um den Erzbischof gehörte und ihn durchaus persönlich erlebte. Für Aussagen, die über seinen Horizont hi-

---

[173] Vgl. Flodoardi annales, hg. v. Georg H. Pertz, in: MGH SS 3, Hannover 1839 (ND 1963), S. 363-408, hier anno 955-966, S. 403-407.

[174] Oedinger: s.v. „Brun I.", S. 670-671.

[175] Trithemius, Johannes nach: Kallfelz: Lebensbeschreibungen, S. 171.

[176] Vgl. zum hierzu und zum Folgenden Kallfelz: Lebensbeschreibungen, S. 171-175; Sproemberg, Heinrich: 2. Kapitel. Niederlothringen, Flandern und Friesland, in: Wilhelm Wattenbach, Robert Holtzmann, Franz-Josef Schmale (Hg.): Deutschlands Geschichtsquellen im Mittelalter. Die Zeit der Sachsen und Salier 1. Das Zeitalter des Ottonischen Staates (900-1050), Darmstadt 1967, S. 83-162, hier S. 88-94.

nausgehen, beruft er sich auf die mündlichen Berichte der noch zahlreich anzutreffenden Zeitzeugen.[177]

Der Text selber stützt sich nur unwesentlich auf andere schriftliche Quellen. Er ist aber sprachlich stark von der klassischen und altchristlichen Literatur geprägt.[178] Dennoch verkommt die Vita nicht zu einer die Wirklichkeit völlig entstellenden literarischen Bastelarbeit:

> „[W]as Ruotger [...] ausdrückt, ist etwas Neues, selbst-Empfundenes und Echtes. Man spürt, daß es ihm ein innerstes Anliegen war, die Gestalt des großen Bischofs und Staatsmannes, so wie er sie sah, bewunderte und verehrte, der Nachwelt vor Augen zu führen. So zeichnet er ein Bild, das, trotz der Vielfalt der literarischen Vorlagen einheitlich und überzeugend geworden ist'"[179].

Die Arbeiten an der Vita waren zwischen dem 14. März 968 und dem 18. Juli 969 abgeschlossen. Das entspricht einem relativen Berichtszeitraum[180] von weniger als vier Jahren zwischen dem Tode Bruns und der Vollendung seiner Lebensbeschreibung, die somit noch in die Regierungszeit Ottos des Großen fiele.

Obwohl der Text oftmals als Programmschrift und Apologie des ottonischen Reichskirchentums aufgefasst wurde, fand er in seiner Zeit nur geringe Verbreitung in überwiegend kirchlichem Umfeld.[181] Dieser Umstand lässt vermuten, dass die Vita unter den Zeitgenossen keineswegs als Programm- und Kampfschrift verstanden und dementsprechend verbreitet wurde. Viel

---

177 Vgl. Vita Brunonis, c. 30 (FSGA 22, S. 223).

178 Es lassen sich Anklänge an die Regel des heiligen Benedikt, die Werke des Sulpicius Severus, Prudenz und Boethius, sowie selbstverständlich die Schriften des Alten und Neuen Testaments aufzeigen. Darüber hinaus auch an die heidnischen Autoren Cicero, Vergil, Sallust, Terenz, Horaz, Seneca, Tacitus, Sueton, Livius und weitere. Vgl. Kallfelz: Lebensbeschreibungen, S. 173.

179 Ebd.; eingeschobenes Zitat von Ott, Irene (Hg.): Ruotgers Lebensbeschreibung des Erzbischofs Bruno von Köln (MGH SRG N.S. 10), Unveränd. ND d. Ausg. 1958, Köln 1979, S. XIII.

180 Die Unterscheidung zwischen Amtszeit des Bischofs, absoluter Berichtszeit der Vita (Entstehungszeit) und relativer Berichtszeit (zwischen dem Tod des Bischofs und der absoluten Berichtszeit) ist übernommen von: Haarländer: Vitae Episcoporum, S. 461.

181 Vgl. Kallfelz: Lebensbeschreibungen, S. 174-175.

eher entstand sie wohl im Rahmen der klösterlichen Stiftsmemoria zu Ehren und ewigem Andenken Bruns. Ruotger ging es „um die Bewertung einer menschlichen Persönlichkeit und ihrer tiefsten Überzeugung, ja um die Bewertung eines großen politisch-religiösen Konzeptes, dessen Exponent sie war."[182]

2.3.2. Die Vita Oudalrici

Der schwäbische Adelige Ulrich (*ca. 890, Augsburg, †4. Juli 973, ebd.) gelangte im Jahre 923 durch den ersten sächsischen König und Begründer der ottonischen Königsfolge Heinrich I. (König 919-936) auf den Bischofsthron von Augsburg und hatte ihn ein halbes Jahrhundert lang, von 923 bis 973, inne.[183] Heinrich war gerade erst auf den Thron des ostfränkisch-deutschen Reiches gelangt und so wurde Ulrich „Zeuge des unvergleichlichen Aufstiegs, den das deutsche Reich unter den beiden ersten Herrschern aus sächsischem Hause erlebte, und zu dem Ulrich durch unermüdliche Aufbauarbeit im eigenen Sprengel und treue Reichsdienste tatkräftig beigetragen hat."[184] Seine folgenreichste Leistung ist wohl die erfolgreiche Verteidigung Augsburgs gegen die Ungarn (955), an die sich der berühmte Sieg auf dem Lechfeld anschloss, welcher Otto I. den Weg zur Kaiserkrone öffnete. Dabei kämpfte er „entgegen der späteren Legendenbildung durchaus wohl selbst mit."[185] Schon 20 Jahre nach seinem Tod wurde er auf einer römischen Synode feierlich unter die Zahl der Heiligen aufgenommen, wobei bereits auch seine Vita verlesen wurde.

Verfasser der Vita ist Gerhard, ein Kleriker und jüngerer Zeitgenosse Ulrichs, der allem Anschein nach Probst am Dom St. Marien zu Augsburg war

---

[182] Ebd., S. 174.

[183] Vgl. hierzu und zum Folgenden Kreuzer, Georg: s.v. „U., hl., Bf. v. Augsburg", in: LexMA 8 (1997), S. 1173-1174; Kallfelz: Lebensbeschreibungen, S. 37-44; Tangl, Georgine: 5. Kapitel. Schwaben, in: Wattenbach, Holtzmann u.a. (Hg.): Deutschlands Geschichtsquellen, S. 220-256, hier S. 256-260.

[184] Kallfelz: Lebensbeschreibungen, S. 37.

[185] Kreuzer: s.v. „U., hl., Bf. v. Augsburg", S. 1173-1174.

und mehrfach selbst im Text auftaucht. Durch das rege Interesse des Volkes an dem verstorbenen Bischof und den durch ihn gewirkten Wundern gedrängt, beginnt er die Abfassung bereits kurz nach dessen Tod (4. Juli 973) und berichtet darin noch ein ganzes Jahrzehnt über Ulrichs Dahinscheiden hinaus. Dabei stützt er sich entweder auf eigene Anschauung oder auf mündliche Tradition. „Hinweise, daß er schriftliche Quellen verarbeitet hätte, sind nicht zu finden."[186] Spätestens bis zum Februar 993, als sie bei Ulrichs Heiligsprechung verlesen wurde, muss die Vita fertig geworden sein. „Es liegt sehr nahe anzunehmen, daß Gerhard jedenfalls gegen Ende des Werkes diese angestrebte Kanonisation vor Augen hatte und bewußt im Hinblick auf dieses Ereignis schrieb."[187] Obwohl die Heiligkeit Ulrichs das beherrschende Thema ist und die Vita daher „klar als Werk der Hagiographie – und zwar als eines der besten mittelalterlichen Werke dieser Gattung"[188] gilt, macht sie „aufs ganze betrachtet, doch keineswegs den Eindruck des Wirklichkeitsfernen, Mirakulösen oder Legendären."[189] Gerade im Vergleich mit den späteren Überarbeitungen, insbesondere der Neufassung des Abtes Berno von Reichenau (1008-1048), welche einerseits „viel stärker legendäre Züge"[190] tragen und andererseits „größere Beliebtheit als ihre Vorlage"[191] erlangten, wird der besondere Charakterzug von Gerhards Fassung greifbar, der auch Anlass für Lotter war, sie zu den rhetorisch-idealisierenden Prälatenviten zu zählen. „Von […] geringfügigen Unstimmigkeiten abgesehen erweist sich die Darstellung, wo immer Mittel der Überprüfung zur Verfügung stehen, als durchaus zuverlässig und glaubwürdig."[192]

[186] Kallfelz: Lebensbeschreibungen, S. 39.

[187] Ebd., S. 40.

[188] Ebd., S. 39.

[189] Ebd., S. 40.

[190] Ebd., S. 41.

[191] Ebd.

[192] Ebd., S. 39

2.3.3. Die Vita Bernwardi

Bernward (*ca. 960, †20. Nov. 1022, Hildesheim) stammte aus dem sächsischen Hochadel und wurde vom Mainzer Erzbischof Willigis am 15. Januar 993 zum Bischof von Hildesheim geweiht.[193] Sein Pontifikat währte drei Jahrzehnte lang. Auch er gilt als „typischer Vertreter des otton[ischen] Reichsepiskopats"[194]. Schon 984 tritt er als Widersacher der Thronansprüche Heinrichs des Zänkers in Erscheinung. 989 übertrug ihm Kaiserin Theophanu die Erziehung des jungen Königs Otto III. (*980, †1002). Als Bischof zieht er 994/995 gegen die aufständischen Elbslawen und errichtet Burgen zum Schutz der Grenzgebiete. Neben der Pflege und dem Ausbau seiner Diözese wirkt er als Diplomat und unterstützt den Kaiser in Italien. Besonders tut er sich jedoch in der Architektur und der Kunst hervor.[195] „Seine bauliche Großleistung stellt die Abteikirche St. Michael in Hildesheim dar"[196]. Seine Regierungszeit und auch seine Vita sind geprägt von den langwierigen Auseinandersetzungen mit Erzbischof Willigis um das Gandersheimer Kanonissenstift, dem sogenannten „Gandersheimer Streit".[197] 1192 wurde Bernward heilig gesprochen.

Dem Prolog nach ist Thangmar, Priester, Bibliothekar und Notar der Hildesheimer Kirche, der Verfasser der Vita. Er war Vorsteher der Hildesheimer Domschule und wurde als solcher Lehrer und Mentor des jungen Bernward. Die ersten elf Kapitel sind in der Ich-Form verfasst. „Über das Leben Bernwards wisse er voll und ganz Bescheid, da Bernward von Jugend an mit ihm

[193] Vgl. hierzu und zum Folgenden Lotter, Friedrich: s.v. „Bernward. I. Leben; politisches und kirchliches Wirken", in: LexMA 1 (1980), S. 2012-2013; Kallfelz: Lebensbeschreibungen, S. 265-271; Holtzmann, Robert: 1. Kapitel. Das Reich und Sachsen, in: Wattenbach, Holtzmann u.a. (Hg.): Deutschlands Geschichtsquellen, S. 4-83, hier S. 58-65.

[194] Lotter: Bernward, S. 2012.

[195] Vgl. Elbern, Victor H.: s.v. „Bernward. II. Kunstförderung", in: LexMA 1 (1980), S. 2013-2014.

[196] Ebd., S. 2013.

[197] Zum Gandersheimer Streit vgl. zusammenfassend Goetting, Hans: Die Hildesheimer Bischöfe von 815 bis 1221 (1227) (Germania Sacra, Neue Folge 20, Die Bistümer der Kirchenprovinz Mainz, Das Bistum Hildesheim 3), Berlin u.a. 1984, S. 159ff., S. 183ff., S. 239ff.

zusammen gewesen sei und ihm so nahe gestanden habe, wie ein Sohn dem Vater (Prolog)."[198] Oft tritt er in der Vita in Erscheinung. Er steigt zum Domdekan von Hildesheim auf, ist mit hohen diplomatischen Aufgaben betraut, verhandelt im „Gandersheimer Streit", reist mit Bernward nach Rom und in seinem Auftrag, betraut mit wichtigen Aufgaben, zum Kaiser nach Spoleto. Auf der Synode von Todi wirft er sich den beiden Häuptern der Christenheit (Papst und Kaiser) zu Füßen, um über die Gandersheimer Wirren zu berichten. Der Prolog berichtet, dass Thangmar schon zu Lebzeiten Bernwards, nachdem er diesem die Erlaubnis abgerungen hatte, mit der Abfassung der Vita begann. „Bis vor wenigen Jahren war es [...] die unangefochtene Meinung, daß die Vita von Thangmar zu Lebzeiten Bernwards begonnen und von ihm zwischen dem 20. November 1022 [Bernwards Tod] und dem 13. Juli 1024 (Tod Ks. Heinrichs II.) vollendet wurde"[199]. Wegen der inneren Uneinheitlichkeit der Vita sind daran aber Zweifel angemeldet worden. Teile sollen Fälschungen des späten 12. Jahrhunderts sein. „Die quellenkrit[ischen] Probleme der Thangmar zugeschriebenen Vita B[ernwards] sind bislang noch ungelöst."[200] Sie sollen hier daher vorerst zurückgestellt werden.

2.3.4. Die Vita Meinwerci

Auch der aus dem angesehenen, mit dem sächsischen Königshaus verwandten Geschlecht der Immedinger stammende Meinwerk (*ca. 975, †5. Juni 1036, Paderborn) „verkörperte [...] das Ideal eines Reichsbischofs ottonisch-frühsalischer Zeit."[201] Er wurde gar als „Modellbischof der vorgregoriani-

[198] Kallfelz: Lebensbeschreibungen, S. 265.

[199] Ebd., S. 266.

[200] Lotter: s.v. „Bernward", S. 2012.

[201] Struve, Tilman: s.v. „Meinwerk", in: LexMA 6 (1993), S. 475-476; vgl. hierzu und zum Folgenden ebd. und Haendler, Gert: Von der Reichskirche Ottos I. zur Papstherrschaft Gregors VII (Kirchengeschichte in Einzeldarstellungen I/9), Leipzig 1994, S. 89f.; Balzer, Manfred: Zeugnisse für das Selbstverständnis Bischof Meinwerks von Paderborn, in: Norbert Kamp, Joachim Wollasch (Hg.): Tradition als historische Kraft. Interdisziplinäre Forschungen zur Geschichte des frühen Mittelalters, Berlin u.a. 1982, S. 267-296; Tenckhoff, Franz (Hg.): Vita Meinwerci Episcopi Patherbrunnensis / Das Leben des Bi-

schen Zeit“[202] bezeichnet. Otto III. berief ihn in die Hofkapelle. 1009 wurde ihm schließlich von Kaiser Heinrich II. das verhältnismäßig arme Bistum Paderborn übertragen. Ausschlaggebend dafür waren vor allem seine vornehme Herkunft und die beträchtlichen Eigenmittel, die Meinwerk in das Bistum einbringen sollte. Er stand dem Bistum ebenfalls nahezu drei Jahrzehnte vor. Schon während seiner Ausbildung an den Domschulen zu Halberstadt und Hildesheim soll er den späteren Kaiser Heinrich II. als Mitschüler kennen gelernt haben. Mehrere Anekdoten in der Vita stellen das enge, „kameradschaftliche“ Verhältnis der beiden dar. Im Königsdienst tat sich Meinwerk besonders hervor. Er versah ihn häufiger als andere Bischöfe, unterstützte Heinrich II. und später Konrad II. bei ihren kriegerischen Unternehmungen und begleitete beide zur Kaiserkrönung nach Rom. Im Gegenzug erhielt er umfangreiche Schenkungen. Ihm werden darüber hinaus wie Bernward „unsterbliche Verdienste um Kunst und Bildung in der ottonischen Zeit“[203] zugeschrieben. So ließ er u.a. einen kostbaren Dom, die Kaiserpfalz und die Stiftskirche Busdorf errichten, gründete und reformierte Klöster, darunter das Kloster Abdinghof, in dem seine Vita entstand, und förderte die Domschule.[204] „Während seiner Amtszeit wurde Paderborn zu einem der führenden Residenzorte im Reich.“[205] „Durch Güterschenkungen und eine energ[isch] betriebene Erwerbspolitik schuf M[einwerk] die Voraussetzung für die Entstehung des Hochstifts Paderborn.“[206]

Die Vita ist in besonderem Maße durch jene „Erwerbspolitik“ geprägt. „Im Mittelpunkt [...] stehen weniger die für die Gattung typischen Wundergeschichten, sondern eine Bestandsaufnahme der Rechts- und Besitztitel der Paderborner Kirche (c. 31-129).“[207] Für diese Bestandsaufnahme griff der Au-

---

schofs Meinwerk von Paderborn (MGH SRG 59), Hannover 1921 (ND 1983), S. V-XXVIII; Holtzmann: 1. Kapitel, S. 70f.

202 Brandt, Hans J., Hengst, Karl: Die Bischöfe und Erzbischöfe von Paderborn, Paderborn 1984, S. 74.

203 Ebd., S. 70.

204 Vgl. Haendler: Reichskirche, S. 89f; vgl. auch Struve: s.v. „Meinwerk“, S. 475-476.

205 Ebd.

206 Ebd.

207 Struve, Tilman: s.v. „Vita Meinwerci episcopi Patherbrunnensis“, in: LexMA 8 (1997), S. 1759; vgl. zum Folgenden ebd.

tor auf die umfangreiche Überlieferung, insbesondere auf Urkunden aus dem Dom- und Klosterarchiv, zurück, die er in Form eines Traditionsbuches in die Vita aufnahm.[208] Nicht zuletzt deswegen ist sie mit Abstand die umfangreichste Quelle dieser Untersuchung. Als Autor der Vita gilt, trotz neuerer Bedenken, noch immer der Abt des von Meinwerk gegründeten Klosters Konrad von Abdinghof (1142-73), der sie zwischen 1155 und 1165 ebendort verfasst haben soll.[209] Demselben Konrad werden auch die sogenannten Abdinghofer Fälschungen zugeschrieben.[210] Dabei handelt es sich um eine gefälschte Gründungsurkunde „sowie weitere 28 Fälschungen von Abts- und Bischofsurkunden für dieses Kloster."[211] Den Grund für die Aufnahme der Urkunden in die Vita und das verstärkte Interesse Konrads an der schriftlichen Fixierung der Besitz- und Rechtstitel sieht Stephanie Haarländer in politischen Umwälzungen im Raum Paderborn ab 1152, die es notwendig machten, sich gegen territoriale Interessen des Sachsenherzogs (Heinrich der Löwe) und des Mainzer Erzbischofs abzusichern.[212] Während immer noch umstritten ist, ob und inwiefern es sich bei jenen Urkunden tatsächlich um Fäl-

---

[208] Haarländer, Stephanie: Hagiographie und urkundliche Überlieferung von Klöstern des 12./13. Jahrhunderts, in: Dieter R. Bauer, Klaus Herbers (Hg.): Hagiographie im Kontext. Wirkungsweisen und Möglichkeiten historischer Auswertung, Stuttgart 2000, S. 26-45, hier S. 29, Anm. 13: „Nur ‚gleichsam' ein Insert ist das Traditionsbuch der Meinwerk-Vita deshalb, weil nachträgliche Manipulationen des Autors an den Traditionsnotizen leider nicht ausgeschlossen werden können. Nachweisen lassen sie sich nur bei denjenigen Notizen, die noch außerhalb der Vita im Original oder kopial überliefert sind."

[209] Vgl. grundlegend Honselmann, Klemens: Der Autor der Vita Meinwerci vermutlich Abt Konrad von Abdinghof, in: WestfZs 114 (1964), S. 349-353. Die neueste, für die Abfassung der vorliegenden Untersuchung leider zu spät verfügbare, Edition der Vita stellt die Verfasserschaft Konrads in Frage und lässt die Verfasserfrage schließlich mit dem Verweis auf einen (unbekannten) Abdinghofer Mönch offen. Als Auftraggeber der Vita wird hier der Paderborner Bischof (entweder Bernhard I. oder Evergis) wahrscheinlich gemacht. Vgl. Berndt, Guido M. (Hg.): Vita Meinwerci episcopi Patherbrunnensis – Das Leben des Bischof Meinwerks von Paderborn. Text, Übersetzung, Kommentar (Mittelalterliche Studien 21), München 2009, S. 24-28.

[210] Vgl. hierzu Haarländer: Hagiographie, S. 26-45, besonders S. 38ff. mit der weiterführenden Literatur.

[211] Ebd., S. 38.

[212] Vgl. ebd., S. 39f.

schungen handelt[213], wird jedenfalls klar, dass Teile der Vita „in absichtsvoll deutlich formuliertem Kontrast zu den aktuellen Verhältnissen stehen, als den Klöstern gleichsam ein rauerer Wind ins Gesicht weht."[214] Die Vita Meinwerks ist insofern also besonders für Aspekte der pragmatischen Schriftlichkeit und für die Lokalgeschichte, die wirtschaftlichen und gesellschaftlichen Verhältnisse des nord-westdeutschen Raumes von großem Interesse. Indem sie Einblicke in die Verwaltungstätigkeit und den Charakter ambitionierter bischöflicher Herrschaft eröffnet, bietet sie zugleich aber auch gutes Material für die Fragestellung dieser Studie.

---

213 Die neuere Forschung erkannte bei 24 der 28 „Fälschungen" die dahinterstehenden echten Traditionsnotizen. Vgl. hierzu ebd., S. 38 mit der Literatur.

214 Ebd., S. 45.

3. DIE DARSTELLUNG VON SANKTIONEN

Im Folgenden werden die Quellen auf die vier Kategorien der Darstellung von Sanktionen hin untersucht. Im Rahmen dieser Studie kann dabei nicht auf jeden Fall eingegangen werden. Das Material wird unter thematischen Gesichtspunkten gegliedert. Der inhaltliche Schwerpunkt liegt auf jenen Passagen, die Aussagen über Formen der Sanktionierung und die Haltung der sanktionierenden Instanz erlauben oder Rückschlüsse auf die dahinterstehenden Motive und Vorstellungen von Strafe und Buße zulassen.

3.1. Göttliche Fügungen als Strafe

Gott wird in allen betrachteten Viten, ihrer hagiographischen Natur gemäß, als höchste Instanz erachtet. Die Autoren sind dementsprechend bemüht, die Darstellung ihrer Bischöfe in Einklang mit den Vorstellungen von der göttlichen Weltordnung zu bringen.[215] Diese Vorstellungen von Gott und seiner Weltordnung fungieren daher als Fixpunkt, an dem sich die Viten orientieren, und als letzte Legitimation der Handlungen, die dem Bischof zugeschrieben werden. Sie formulieren zugleich die von den Autoren angestrebten gesellschaftlichen Normen. Es ist also für das Verständnis der zeitgenössischen Deutungen von Strafe und Buße von großer Relevanz, wie der strafende Gott dargestellt wird.

Der Glaube an die Allmacht Gottes hat zur Folge, dass letztlich alles Geschehen in der Welt auf ihn zurückgeführt werden kann. Dementsprechend stellen Ereignisse ohne konkrete übernatürliche Eingriffe, die vom Autor als göttliche Fügungen mit strafendem Charakter interpretiert werden, die größte Konstante in allen betrachteten Viten dar. Zwischen 17% und 33% der Darstellungen von Sanktionen je Vita und 22% aller Darstellungen gehören dieser Kategorie an.

[215] Zu den zeitgenössischen Vorstellungen von Ordnung und der Stellung des Bischofs darin vgl. Fichtenau: Lebensordnungen I, hier besonders S. 11-47, S. 248-292.

3.1.1. Die Unausweichlichkeit göttlicher Gerechtigkeit

Besonders Naturkatastrophen und Brände konnten als strafende göttliche Fügung interpretiert werden. Als im Jahr 1000 große Teile von Paderborn sowie der Dom mitsamt seiner Ausstattung durch eine Feuersbrunst zerstört werden, ist es für den Autor der Meinwerksvita unzweifelhaft, dass dies auf eine Entscheidung Gottes zurückzuführen ist. Zwei Gründe erscheinen ihm möglich. „[S]ei es nun, dass die Bosheit der Bewohner es erforderte oder Gott dadurch für das Heil der Sterblichen Sorge trug"[216]. Das Unglück wird also als legitime Strafe verstanden. Das Motiv für diese Strafe wird entweder in einer gerechten Vergeltung menschlicher Bosheit oder einem Akt zur Besserung der Menschen gesehen. Der Text führt nicht explizit an, inwiefern damit für das Heil der Sterblichen gesorgt wird. Es liegt aber nahe, dabei an den Aufruf zu Demut angesichts der Allmacht Gottes und zu religiöser Buße angesichts der Verfehlungen in der christlichen Lebensführung zu denken. Sie versprechen die Heilung von der Sünde und somit Verschonung vor dem göttlichen Gericht. Im Jahre 1058 wird Paderborn erneut „nach himmlischem Urteilsspruch"[217] verheert. Übrig bleibt nur die Königspfalz. Jener Ort, an dem Meinwerk die Almosen ausgab. Der Autor assoziiert also, dass Plätze vorbildlicher christlicher Pflichterfüllung vom Urteilsspruch Gottes ausgenommen bleiben. Abweichungen von der Norm hingegen lassen deren Ahndung nicht nur gerechtfertigt, sondern vor dem Hintergrund einer absolut gedachten, göttlichen Gerechtigkeit auch notwendig erscheinen.

Deutlicher noch wird der strafende Charakter bestimmter göttlicher Fügungen bei der Interpretation von Todesfällen. Auch hier ist durch die Darstellung zugleich eine Mahnung an die Leser nicht zu übersehen. So in der Vita Brunonis, wo es um die Auflehnung Liudolfs gegen seinen Vater Otto I. geht. Sie wird mit biblischer Autorität eindeutig verurteilt: „Weil es ihm aber nicht schnell genug ging, an die Macht zu kommen, und er es versäumte, dem Rat des Vaters zu gehorchen, erging es ihm nach dem Wort Salomons,

216 Vita Meinwerci, c. 7 (MGH SRG 59, S. 10): *Denique quocumque Dei iudicio, sive malicia inhabitantium exigente, sive saluti mortalium Deo per id consulente*; Übers. Terstesse, S. 25.

217 Vita Meinwerci, c. 163 (MGH SRG 59, S. 85): *celesti iudicio*; Übers. Terstesse, S. 123.

dass ‚das Erbe, nach dem er am Anfang eilte, am Ende ohne Segen war.'"[218] Dabei spielt der Autor zweifellos auf das Scheitern des Aufstandes und den frühen Tod Liudolfs an.[219] Auf das Vergehen als Ursache folgt unweigerlich die göttliche Vergeltung als Wirkung. Ebenso bei der Beschreibung von Liudolfs Verbündetem Konrad, dem ehemaligen Herzog von Lothringen. „Durch Gottes Fügung aber wurde er in seinen ruchlosen Unternehmungen immer wieder derart zurückgestoßen, daß es ihn bald bitter reuen sollte, eine solche Freveltat so leichtsinnig begonnen zu haben."[220] Auch hier weiß der Autor bereits, dass sich Konrad im Juni 954 auf dem Reichstag zu Langenzenn Otto unterwerfen musste. Seinen Tod während der Lechfeldschlacht lässt Ruotger in bemerkenswerter Weise zugleich als Strafe und Buße, als Akt konsequenter göttlicher Gerechtigkeit und gnädige Annahme der Reue des ehemaligen Herzogs erscheinen. Hier zeigt sich deutlich der enge Zusammenhang beider Vorstellungen.

> „Mit einem Bußgewand züchtigte er seinen Leib und unter Seufzen soll er Gott angefleht haben, er möge doch, wenn es sein heiliger Wille sei, unserm König und seinem Heer den Sieg gewähren, danach aber ihm selbst gestatten, von den Gottlosen, mit denen er sich ehedem frevlerisch eingelassen hatte, getötet zu werden, um auf diese Weise für die Ewigkeit von ihrer Gemeinschaft befreit werden zu können."[221]

---

[218] Vita Brunonis, c. 18 (FSGA 22, S. 202/203): *Sed quia festinans ditari paterno non meruit obędire consilio, contigit illi secundum veridicam Salomonis sententiam, ut „hereditas, ad quam festinavit in principio, in novissimo benedictione careret."*; Übers. Kallfelz, ebd.; vgl. Spr 20,21.

[219] Vgl. Vita Brunonis, c. 36 (FSGA 22, S. 232-/235); ebd., S. 234, Anm. 13: „Liudolf starb 27-jährig zu Pombia in der Provinz Novara am 6. Sept. 957."

[220] Vita Brunonis, c. 24 (FSGA 22, S. 216/217): *Has quoniam, postquam abusus est, perdidit, in bonos ultra modum inpatiens sęvit, sed a nefariis suis conatibus semper ita Deo dispensante repulsus est, ut hoc eum non leviter pęniteret, quod magnum facinus tanta levitate aggressus est.* Übers. Kallfelz, ebd.

[221] Vita Brunonis, c. 35 (FSGA 22, S. 232/233): *Aderat ibi Cůno, non iam dux, sed miles, toto, ut putabatur, animo conversus ad pacem, quam paulo ante atrociter inpugnabat, cilicio membra domans, Deum gemitibus, ut fertur, exorans, ut, si sic eius sancta voluntas existeret, permissa regi nostro et exercitui eius victoria eum ab impiis, quibus se prius male coniunxerat, permitteret trucidari, ut possit in perpetuum ab eorum consortio liberari.* Übers. Kallfelz, ebd.

Tatsächlich stirbt Konrad gegen Ende der Schlacht an einem gegnerischen Pfeil.[222] Ob es ihm durch seinen Büßertod gelang seine Seele zu retten, verschweigt Ruotger allerdings.

Auch in der Ulrichsvita ist die Vergeltung Gottes unausweichlich. Die einzige Hoffnung auf Rettung besteht in der Buße. Wer sie, wie der ebenfalls abtrünnige Pfalzgraf Arnulf nach dem Scheitern des Aufstandes, ablehnt, muss sich vor Gott dafür verantworten.

> „Nicht lange danach wurde Arnulf, der sich erkühnt hatte, feindlich in die Güter der heiligen Maria einzufallen, und der in hartnäckiger Unbußfertigkeit verharrte, bei der Belagerung Regensburgs, als er die Stadt zum Kampf verließ, im Getümmel erschlagen."[223]

Anlass, den Tod als strafende göttliche Fügung zu interpretieren, ist der als Sünde verstandene Bruch mit der göttlichen Ordnung, der hier in der Auflehnung gegen den König ebenso wie in den Vergehen am Kirchengut besteht. Da Arnulf, trotz der durch Ulrich angebotenen Möglichkeit zur Buße und damit zur Vergebung der Sünden, uneinsichtig bleibt, erscheint sein Tod als legitime Konsequenz.[224]

Gott beeinflusst nicht nur das Schicksal Einzelner, sondern auch die großen politischen und kriegerischen Geschehnisse. So sind sich die Autoren der Viten Bruns und Ulrichs in der Interpretation des Sieges auf dem Lechfeld einig. Die strafende göttliche Fügung trifft die Schuldigen mit unfehlbarer Konsequenz: „Und wirklich, wie sehr richtig gesagt ist: ‚Hochmut kommt vor dem Fall', so fielen auch jetzt alle, die Böses taten."[225] Damit ist sowohl auf die Feinde des Reiches im Allgemeinen, als auch auf das Schicksal Konrads

---

[222] Vgl. ebd., S. 233, Anm. 10.

[223] Vita Oudalrici, c. 11 (FSGA 22, S. 102/103): *Non post multum vero temporis praefatus Arnolfus, qui se praesumpsit res sanctae Mariae hostiliter invadere, et incorrigibilis sine poenitentia perduravit, obsessa Radespona civitate, paratus ad praelium exivit, et statim in articulo tumultus occisus est.* Übers. Kallfelz, ebd.

[224] Vgl. Vita Oudalrici, c. 10 (FSGA 22, S.100/101).

[225] Vita Brunonis, c. 35 (FSGA 22, S. 230/231): *Siquidem, ut veracissime dictum est: „Ante ruinam exaltatur cor", ibi ceciderunt omnes, qui operantur iniquitatem.* Übers. Kallfelz, ebd.; vgl. Spr 16,18.

verwiesen. Die Schlacht „währte bis knapp vor Anbruch des Abends, wo sie, da Gott barmherzig waltete und für die Seinen stritt, siegreich beendet wurde."[226] Ebenso konsequent wie im Falle der Aufständischen, von denen keiner ungestraft davon kam, der sich nicht zur Buße bereit fand[227], fällt Gerhardts Urteil über die ungarischen Feinde aus: „Kein Weg und keine weglose Wildnis war für sie mehr zu finden, wo nicht auf Schritt und Tritt die Rache des Herrn offenkundig über ihnen geblieben wäre."[228]

Auch die Vita Meinwerks führt politische und kriegerische Siege auf den Einfluss Gottes zurück, der den Seinen beisteht und die Feinde mit der Niederlage straft. So etwa beim Sieg Heinrichs II. über den Polenherzog Boleslav von Polen[229] oder bei der Entscheidung der Fehde zwischen Bischof Poppo, dem kaiserlichen Kandidaten, und seinem Gegenspieler Athelbero zu Gunsten Poppos, durch eine Kriegslist.[230] Die Bernwardsvita, deren Schwerpunkt der Gandersheimer Streit bildet, interpretiert gleich die ganze Auseinandersetzung als strafende göttliche Fügung. Der Streit habe der Sünden wegen so lange gewährt und wurde schließlich durch Gottes Gnade beigelegt.[231]

Als strafende göttliche Fügungen können aber auch ganz konkrete Ereignisse im Umfeld des Bischofs interpretiert werden, die oftmals die Parteinahme oder den moralischen Standpunkt des Autors erkennen lassen. So erzählt Gerhard, Ulrich habe prophezeit, dass Abt Werner nach ihm Bischof werden solle. Stattdessen folgt ihm aber Heinrich, der Sohn des Grafen Burchard unter intriganter Umgehung der kanonischen Wahl.[232] Als dieser später in der Schlacht am Kap Colonne gegen die Sarazenen fällt und sein Leichnam nicht mehr gefunden, also auch nicht gebührend bestattet werden kann, deutet Gerhard dies in eindeutig moralisierender Weise: „Sehr gefährlich ist es,

---

226 Vita Brunonis, c. 35 (FSGA 22, S. 232/233): *vixdum vespertino crepusculo, Deo misericorditer dispensante et pro suis pugnante, satis feliciter peractum*; Übers. Kallfelz, ebd.

227 Vgl. Vita Oudalrici, c. 10 (FSGA 22, S. 100/101).

228 Vita Oudalrici, c. 12 (FSGA 22, S. 108/109): *Nulla eis via, et nullum devium ab eis inveniri potuit, ni in omni loco vindicta Domini super eos manifeste maneret*; Übers. Kallfelz, ebd.

229 Vgl. Vita Meinwerci, c. 29 (MGH SRG 59, S. 33-34).

230 Vgl. Vita Meinwerci, c. 142 (MGH SRG 59, S. 73-75).

231 Vgl. Vita Bernwardi, c. 43, (FSGA 22, S. 344/345).

232 Vgl. Vita Oudalrici, c. 28 (FSGA 22, S. 152-/167).

einen Ratschluß zu mißachten, den Gott durch seine Heiligen geoffenbart hat, und Prophetengabe gering zu achten, wie die Schrift sagt: ‚Löschet den Geist nicht aus, achtet Prophetengabe nicht gering.'"[233] Ähnlich im Falle des plötzlichen Todes von Ulrichs Neffen Adalbero, den dieser gegen die kanonischen Vorschriften noch zu Lebzeiten zu seinem Nachfolger machen wollte.[234]

Strafende göttliche Fügungen haben immer eine mahnende Funktion. Indem die Schicksale derer, die vom rechten Weg abkommen, dargestellt werden, fordern sie zur Wahrung der göttlichen Ordnung im Allgemeinen, zur Einhaltung kanonischer Vorschriften und Achtung der bischöflichen und kirchlichen Autorität im Besonderen auf. So wird in der Meinwerksvita der Tod Ottos III. darauf zurückgeführt, dass er nicht auf die Ratschläge des hl. Heribert gehört habe.[235] Der uneheliche Sohn eines Grafen namens Dodiko, den dieser mit einer ehemaligen Stiftsdame gezeugt hatte, wird „von den Zähnen des Pferdes zerbissen und von seinen Hufen erstampft"[236]. Die Interpretation der Ereignisse als göttliche Fügung ist Zeugnis der in allen Viten wirksamen Vorstellung, dass niemand der gerechten Vergeltung für seine Sünden durch Gott entgeht. Nur religiöse Buße, tätige Reue kann zur Vergebung der Sünden verhelfen. Diese Buße kann dabei sehr verschieden aussehen. So stirbt Konrad in der Schlacht, während Graf Dodiko reuig umfangreiche Schenkungen an die Paderborner Kirche leistet.

3.1.2. Formen und Motive strafender göttlicher Fügungen

Strafende göttliche Fügungen und Strafwunder erfüllen eine ähnliche darstellerische Funktion. Sie stellen eine moralische Verurteilung bestimmter Ver-

[233] Vita Oudalrici, c. 28 (FSGA 22, S. 166/167): *Periculosum est valde, decretum Dei per suos sanctos revelatum supergredi et prophetias spernere, dicente scriptura: „Spiritum nolite extinguere, prophetias nolite spernere."*; Übers. Kallfelz, ebd.; vgl. 1. Thess 5,19.

[234] Vgl. Vita Oudalrici, c. 24 & c. 26 (FSGA 22, S. 134/135, S. 142/143).

[235] Vgl. Vita Meinwerci, c. 7 (MGH SRG 59, S. 10-14).

[236] Vgl. Vita Meinwerci, c. 49 (MGH SRG 59, S. 41): *Horum filius annos pubertatis attingens arma sumere disposuit et ascenso equo repente dorso eius deiectus et morsibus eius attrectatus et calcibus contusus miserabiliter expiravit.* Übers. Terstesse, S. 63; vgl. ebd. S. 63ff.

haltensweisen dar, indem sie diese als von der höchsten moralischen Instanz Gottes strafenswert erscheinen lassen. Dabei transportieren sie die Vorstellung, dass die gerechte Vergeltung Gottes unausweichlich ist. Für diese Vergeltung steht Gott jede Art der Sanktionierung zur Verfügung. Sie äußert sich in Naturkatastrophen ebenso wie in individuellen Schicksalsschlägen und kann potentiell jeden treffen, der mit der gottgewollten Ordnung bricht.[237] Jeder hat sich vor Gottes unfehlbarem Gericht zu rechtfertigen. Strafende göttliche Fügungen, als nachträgliche Interpretationen und implizite Urteile des Autors, dessen Parteinahme maßgeblich für das jeweilige Verständnis von gottgewollter Ordnung ist, haben immer endgültigen Charakter. Die in ihnen ausgesprochene Mahnung richtet sich über die Beurteilung des jeweiligen Geschehens im Text hinaus auch an alle Leser. Mit der gottgewollten Ordnung, zu der im Hinblick auf den Leserkreis hier insbesondere die Unterordnung unter den Bischof, aber auch unter den König zählt, soll nicht gebrochen werden. Jeder Bruch wird unvermeidlich von Gott geahndet. Nur wer seine Sünden büßt, kann auf Gottes Gnade hoffen.

Der sanktionierende Eingriff Gottes erscheint den Autoren entweder als gerechte Vergeltung oder als Mittel zur Besserung. Strafe und Buße bilden einen engen Zusammenhang, der im Falle der Strafwunder noch deutlicher wird.

3.2. Strafwunder

Die Grenze zwischen strafender göttlicher Fügung und Strafwundern von übernatürlichem Charakter ist fließend. Beide sind Belege für die zeitgenössische Vorstellung von der Allmacht Gottes. Es kann heute nicht eindeutig bestimmt werden, was den Autoren tatsächlich als Wunder, was nur als Fügung erschien oder ob es sich ggf. um bewusste, darstellerische Manipulation handelt. Dennoch ist es möglich und sinnvoll, Darstellungen, die implizit o-

[237] Zu den zeitgenössischen Vorstellungen von „Unordnung" vgl. Fichtenau, Heinrich: Lebensordnungen des 10. Jahrhunderts. Studien über Denkart und Existenz im einstigen Karolingerreich (Monographien zur Geschichte des Mittelalters 30,II), 2. Halbbd., Stuttgart 1984, S. 499-566.

der explizit auf einen direktes Eingreifen himmlischer Mächte verweisen, als eigene Kategorie zu erfassen. Unabhängig von ihrem Wahrheitsgehalt zeugen diese nämlich in besonderem Maße von der normativen Vorstellungswelt des Autoren, der von ihnen berichtet. Wo es ihm angebracht erscheint von einem unmittelbaren strafenden Eingreifen Gottes zu erzählen, da ist zugleich klar, dass der Grund für diesen Eingriff ein Verstoß gegen die Normen, d.h. gegen Vorstellungen einer göttlichen Weltordnung, ist. Ein Eingriff Gottes legitimiert sich selbst. Wenn Gott straft, so tut er es notwendiger- und gerechter Weise. Der Bestrafte wird damit unanfechtbar ins Unrecht gesetzt.

Die Autoren greifen sehr unterschiedlich auf die Darstellung von Strafwundern zurück. Während Ruotger in der Vita Brunonis ganz auf sie verzichtet, was mit der von Lotter beobachteten Neigung zum Verzicht auf Wundererzählungen im lothringischen Raum zusammenhängen könnte[238], machen sie in der Ulrichsvita, welche im Hinblick auf die Heiligsprechung entstand, gleich 42% der Sanktionsdarstellungen aus. Es ist wahrscheinlich, dass der Ausblick auf die bevorstehende Kanonisation Einfluss darauf gehabt hat, denn ein direktes Eingreifen Gottes im Umfeld des Bischofs verstärkt den Eindruck seiner Erwähltheit. In der Bernwardsvita sind es 17%, bei Meinwerk 8%. Damit sind 16% aller Darstellungen von Sanktionen in den untersuchten Viten Strafwunder.

3.2.1. Das Zusammenspiel von Strafe und Buße im Wirken Gottes

Strafwunder sind ebenfalls Akte der unausweichlichen, göttlichen Vergeltung, die auf eine Sünde folgt. Sie zeichnen sich in den hier betrachteten Viten allerdings besonders durch eine wiederkehrende, darstellerische Figur aus, die den engen Zusammenhang zwischen Strafe und Buße deutlich macht. In den meisten Fällen handelt es sich um kurze Episoden, die zunächst das Vergehen schildern, dann die Strafe als Konsequenz der Sünde und schließlich Einsicht, Reue und Wiedergutmachung, die zur Vergebung durch den Bischof führen. Die Strafe erscheint als Teil des Bußprozesses.

[238] Vgl. Lotter: Methodisches, S. 319.

Dabei verfolgt die Darstellung der Strafwunder vorrangig zwei Ziele: Erstens den Aufruf zur Einhaltung vor allem kirchlich-religiöser Pflichten, zu denen auch die Anerkennung der bischöflichen Autorität aufgrund der göttlichen Erwählung zählt. Zweitens den damit verbundenen Aufruf zur tätigen Reue bei Zuwiderhandlungen angesichts der unausweichlichen göttlichen Vergeltung. In der Ulrichsvita tritt diese Zielsetzung gleich zu Beginn hervor. Die Erwähltheit Ulrichs, der Aufruf zur Einhaltung religiöser Pflichten und die Forderung nach Buße als Wiedergutmachung für Verfehlungen, begegnen in den Worten, die der Autor dem verstorbenen Bischof Adalbero in den Mund legt, als dieser Bruder Rambert in einer Vision erscheint.

> „Rambert, sag deinem Herrn [Ulrich], er werde von Gott seinen Lohn empfangen für alle Gebete und Almosen, die er getreulich mir zugewendet hat. Und als Zeichen künde ihm, daß Fortunatus und ich, wenn der Herr es erlaubt, am nächsten Gründonnerstag mit ihm das Chrisam weihen werden, und daß dieses Machwerk von Krypta einstürzen wird. Doch soll er deshalb nicht den Mut verlieren; er soll nur in Zukunft darauf bedacht sein, daß besser gebaut wird. Die Brüder aber ermahne, sie sollen sich daran erinnern, daß sie ungezwungen und aus eigenem Antrieb gelobt haben, durch emsiges und beharrliches Beten für mich zu wirken, daß sie aber nicht so gehandelt haben. Wenn sie das nicht wiedergutmachen, sollen sie wissen, daß sie darüber vor Gottes Angesicht werden Rechenschaft ablegen müssen. Auch du sollst täglich einen Psalm für mich beten – ohne Wenn und Aber – das verlange ich auch von dir als Wiedergutmachung."[239]

Ulrich wird also die Fürsprache des Himmels zugesichert. Zugleich werden er und die Brüder jedoch zu mehr Sorgfalt in der Erfüllung ihrer Aufgaben gemahnt. Als Strafe für die Versäumnisse stürzt die unzulänglich gebaute

---

[239] Vita Oudalrici, c. 1 (FSAG 22, S. 60/61): *Ramperte, dic domino tuo, mercedem a Deo accepturum pro orationibus et elemosinis, quas mihi fideliter transmisit. Et hoc signum dicito illi, quod Fortunatus et ego in proxima coena Domini, Domino concedente, cum illo crisma sanctificabimus, et quod operatio huius criptae est ruitura. Ob hoc tamen non debet omittere, nisi studeat in posterum stabiliter perpetrare. Fratres quoque recordari moneto, quia sine vi et sua sponte, sedula et assidua oratione pro me laborare spoponderunt, et quia sic non fecerunt; et si hoc emendaturi non fuerint, sciant se esse de hoc in conspectu Domini rationem reddituros; et tu cottidie unum pro me psalmum cantabis sine cautela, hoc et te emendare monebo.* Übers. Kallfelz, ebd.

Krypta ein. Gebete und Psalmen werden als Buße verlangt. Ulrich achtet diese Mahnung und lässt beim Neubau größere Sorgfalt walten.[240]

Die praktische Ausrichtung solcher Mahnungen vor dem göttlichen Strafgericht durch die Darstellung von Strafwundern wird besonders im Zusammenhang mit der bekannten „2 Schwerter-Vision" Ulrichs deutlich. Von der heiligen Afra wird der Bischof auf das Lechfeld geführt, wo viele Bischöfe und Heilige versammelt sind.

> „Der heilige Petrus hielt mit ihnen eine Synode, traf wichtige und unzählige Anordnungen und hielt in aller Form Gericht über den Bayernherzog Arnulf, der damals noch am Leben war. Viele Heilige erhoben Klage gegen den Herzog wegen der Aufhebung zahlreicher Klöster, die er Laien zu Lehen gab."[241]

Wenn auch die Nennung einer konkreten Strafe an dieser Stelle fehlt, so wird doch die Anklage deutlich ausgesprochen. Der Herzog hatte seine Pflichten gegenüber der Kirche verletzt, indem er Klöster auflöste und an Laien vergab. Darin wird eine klare Kritik an den politischen Verhältnissen deutlich, die auch noch den Zeitgenossen Gerhards gegolten haben dürfte. Umso mehr wenn er fortfährt:

> „Schließlich zeigte ihm der heilige Petrus zwei gewaltige Schwerter, das eine mit Knauf, das andere ohne Knauf, und sprach: „Sage dem König Heinrich: Dieses Schwert, das keinen Knauf hat, bedeutet einen König, der ohne kirchliche Weihe das Königtum innehat; das andere mit dem Knauf aber bedeutet den König, der mit göttlicher Weihe die Zügel der Herrschaft hält."[242]

---

240 Vgl. ebd.

241 Vita Oudalrici, c. 3 (FSGA 22, S. 62/63): *Ibi enim sanctum Petrum principem apostolorum invenit cum multitudine magna episcoporum et aliorum sanctorum, et eorum quos ille ante videbat et eorum quos antea non videbat et tamen nutu Dei bene cognoscebat, synodale conloquium cum eis facientem et magna et innumerabilia disponentem, Arnolfumque ducem Bawariorum adhuc viventem de destructione multorum monasteriorum quae in beneficia laicorum divisit, de multis sanctis accusatum, legaliter iudicantem*; Übers. Kallfelz, ebd.

242 Ebd.: *et enses duos valde heriles, unum cum capulo et alterum sine capulo, sibi ostendentem, et sic loquentem: „Dic regi Heinrico, ille ensis qui est sine capulo significat regem qui sine benedictione pontificali regnum tenebit; capulatus autem, qui benedictione divina regni tenebit gubernacula.*

Angespielt wird auf die Weigerung Heinrichs I., die kirchliche Salbung und Krönung zu empfangen. Ohne hier näher darauf eingehen zu können, bleibt doch festzuhalten, dass diese Vision die eindeutige Mahnung an alle Leser enthält, der Kirche als gottgegebener Institution den ihr gebührenden Respekt zu zollen und in der Erfüllung der materiellen und spirituellen Pflichten, wie sie der Kirche vorschweben, nicht nachzulassen. Zuwiderhandlungen bergen nicht nur die Gefahr, dass einem das „Schwert der Herrschaft" zu entgleiten droht, sondern führen unweigerlich zu einer Anklage vor dem Gericht der Heiligen.

Die darstellerische Figur des Strafwunders als gerechtfertigte Konsequenz einer Sünde, die dann Reue und Bußwilligkeit auslöst und damit einen Weg zur Vergebung der Sünden in sich trägt, wiederholt sich augenfällig. Nachlässigkeiten und Vergehen bei der Erfüllung der Pflichten gegenüber der Kirche sind der häufigste Anlass. Die Pflichterfüllung umfasst insbesondere die Achtung der bischöflichen Autorität. Missachtungen bischöflicher Weisungen führen zu göttlichen Ermahnungen in Form von Strafwundern, die nur durch Reue und Buße auszugleichen sind. So etwa im Falle des Gärtners Adalbold, der an einem geweihten Ort eine kleine Höhle mit einer gemauerten Kammer darin findet. Er meldet den Fund seinem Bischof und kündigt an, darin sein Gemüse und andere Gerätschaften unterbringen zu wollen.

> „Der Bischof gab ihm warnend zur Antwort: „Wenn du das tust, wirst du ganz bestimmt die Gesundheit deiner Sinne verlieren." Der Gärtner glaubte den Worten des Bischofs nicht und machte sich ohne dessen Wissen daran, die Sachen in der Höhle unterzubringen. Während er das tat, verlor er seine Sinne und konnte nicht mehr hören noch sehen. Als das dem Bischof gemeldet wurde, ließ er ihn vor sich bringen und sprach: „Warum wolltest du diesen heiligen Ort für dich in Anspruch nehmen, ohne auf mein Verbot zu hören?" Der Gärtner, obgleich seiner Sinne verlustig, antwortete: „Ich gebe alles zu; ich weiß, ich bin schuldig, ich habe dir nicht gehorcht und deswegen bin ich dieser Pein verfallen." Der gütige Bischof hatte Mitleid mit seiner Pein, schenkte ihm Nachlaß und Segen und gab ihm so mit Gottes Gnade die Gesundheit wieder zurück. Es klingt wunderbar, aber der Gärtner konnte von da an die Höhle um keinen Preis mehr finden."[243]

---

[243] Vita Oudalrici, c. 14 (FSGA 22, S. 112/113): *Cui ille respondit, denuntiando dicens: „Si hoc facis, sensum et sospitatem menbrorum tuorum te perdere dubium non est." Hortulanus autem verbis episcopi non credens, sine eius scientia praefatas res in eandem speluncam congregare co-*

In gleicher Weise im Falle einer Nonne, welcher der Bischof wegen ihrer praktischen Begabung befiehlt, Küchenmeisterin in ihrem Kanonissenstift zu werden. Sie weigert sich.

> „In der folgenden Nacht aber hörte sie eine Stimme, die zu ihr sprach: „Weil du dem Gebot des Bischofs nicht gefolgt hast, wirst du die Fähigkeit zu gehen verlieren, so lange, bis du von ihm Verzeihung erlangt hast." Als sie erwachte, fühlte sie sich so schwach, daß sie nicht mehr gehen konnte. [...] Als er [Ulrich] nun in ihre Nähe kam, begann sie flehentlich bittend seine Barmherzigkeit anzurufen, er möge sie doch von den drückenden Fesseln ihrer Krankheit befreien. Der Bischof erhörte ihr Flehen, rügte sie wegen ihres Ungehorsams und entließ sie dann beschenkt mit Segen und Vergebung. Kaum hatte sich der Bischof von ihr abgewandt, erlangte sie die Gesundheit wieder zurück. Noch bevor jener die Kirche verließ, hatte sie ihn eiligen Schrittes eingeholt, warf sich vor ihm nieder, lobte Gott für die Wiedererlangung ihrer Gesundheit und versprach, ihren Ungehorsam in Zukunft wiedergutzumachen. Dann kehrte sie froh nach Hause zurück."[244]

Strafwunder dieser Form unterstreichen die Erwähltheit des Bischofs, der im Einklang mit dem Willen Gottes handelt und so unanfechtbar ins Recht gesetzt wird.[245] Sie betonen aber auch die normative Vorstellung von Milde und

---

epit; hoc faciendo sensum cum auditu et visu perdidit. Hoc autem cum episcopo nuntiatum fuisset, iussit adduci sibi hortulanum, et dixit ei: „Quare occupare voluisti illum sanctum locum, spernendo meum praeceptum?" Cui ille, quamvis sensu careret: „Non infitior", ait; „scio enim, quod pro illo reatu, quod mandatis tuis non obedivi, istam tribulationem incurri." Cuius tribulationibus benivolus episcopus condolens, indulgentiam ei cum benedictione donans, Deo concedente, sanitati restituit. Mirabile dictu, ille hortulanus postea illam speluncam nullo modo invenire potuit. Übers. Kallfelz, ebd.

[244] Vita Oudalrici, c. 19 (FSGA 22, S. 124/125): *Sequenti vero nocte in somnis audivit vocem dicentem sibi: „Quia non oboedisti praeceptis episcopi, ideo usu ambulandi privaris tam diu, donec ab eo absolveris." Expergefacta autem dissolutam menbris ita se esse persensit, ut nullum ambulandi effectum habere potuisset. [...] Cumque ad eius praesentiam veniret, humillimis precibus eius misericordiam deprecari coepit, ut ab affligentibus alligationibus infirmitatis ab eo absolvi mereretur. Audita eius deprecatione, episcopus de inoboedientia eam increpavit, et munere benedictionis simul et indulgentiae donatam dimisit. Cumque ab ea reverteretur episcopus, statim sanitati restituta, currendo praecessit episcopum, antequam ille perambularet aecclesiam, et ante celsitudinis eius praesentiam prostrata, Deum pro reddita sanitate laudando, promisit de inoboedientia ultra se fore emendaturam, et ad proprias mansiunculas laeta rediit.* Übers Kallfelz, ebd.

[245] Vgl. auch den Fall des Priesters Heilrich Vita Oudalrici, c. 2 (FSGA 22, S. 60-/63).

Mitgefühl, die einem christlichen Hirten und Herrscher demnach zueigen sein sollten. Der Bischof wird dabei zum Mittler der heilsmächtigen Gnade Gottes. Durch sie bewirkt er nach abgeleisteter Buße, indem er dem Sünder vergibt und mit seinem Segen wieder aufnimmt, die wundersame Heilung. Mit der Sünde verschwindet auch das Gebrechen.

Vergehen gegen die göttliche Weltordnung werden unweigerlich von Gott geahndet. Es sei denn, man wählt den Weg der Buße, um Vergebung der Sünden zu erlangen. Einige Strafwunder im Zusammenhang mit der Plünderung Augsburgs machen dieses darstellerische Schema und die dahinterstehende Argumentation besonders deutlich. Die Plünderer treffen wundersame Strafen.

> „Einer von ihnen, so beteuern seine Nachbarn, verlor den Verstand, zerfleischte sich selbst die Hände und hauchte so seinen Geist aus. Ein anderer kaufte sich für ein Buch, das er in Augsburg mitgenommen hatte, ein Pferd, das ihm gut gefiel. Zuhause zeigte er es seiner Frau und sagte: „Es ist doch gescheiter, wenn ich dieses schöne Pferd habe, als wenn ich das Buch, für das ich es bekommen habe, in Augsburg hätte liegen lassen." Seine Frau entgegnete: „Es wäre dir bestimmt besser bekommen, deine Hand hätte sich nicht an diesem Buch vergriffen." Unterdessen streichelte er das Pferd und berührte es dabei von hinten. Da schlug das Pferd aus, und er sank auf der Stelle tot darnieder."[246]

---

[246] Vita Oudalrici, c. 11 (FSGA 22, S. 100/101): *Manus proprias unus ex his lacerando, vicinis suis in veritate dicentibus, perdito sensu spiritum exalavit. Alius autem cum ablato de Augusta civitate libro cavallum sibi bene placentem comparavit, et secum adduxit in domum suam, uxorique suae monstravit, et dixit: „Melius mihi placet istud formosum cavallum habere, quam librum, cum quo hoc comparavi, in Augusta relinquere." Cuius verbis respondit uxor eius, dicens: „Utile tibi forte fuisset, si manus tua hunc librum iniuste non tetigisset." Interim vero ille levicando manu in posteriora tangebat cavallum, et statim ab eo percussus mortuus est.* Übers. Kallfelz, ebd.; der lateinische Text stellt deutlicher den Zusammenhang zwischen der „bösen" Hand, die sich am Buch vergriff, und derselben Hand, die das tödliche Ausschlagen des Pferdes auslöst, her. Das Bild dieser „bösen Hand" könnte auch das Motiv für die Selbstzerfleischung der Hände des ersten Sünders sein. Den Zeitgenossen müsste demnach die Vorstellung, nach der sich ein Körperteil, mit welchem eine Sünde begangen wurde, sozusagen mit dieser auflädt, geläufig gewesen sein. Dies würde erklären, warum sich der erste Plünderer seiner Hände und damit seiner Sünde zu entledigen versucht und im zweiten Fall die sündige Hand der Auslöser für die gerechte Strafe ist.

Die Darstellung setzt nicht nur den Bischof ins Recht und verurteilt, auch als Mahnung für die Leser der Vita, die Auflehnung gegen den Bischof und vor allem die Bereicherung am Kirchengut, sie dient zugleich als Aufruf zur wiedergutmachenden Buße angesichts der unentrinnbaren Strafe Gottes.

> „Da befiel alle, die sich an der Plünderung der Stadt Augsburg mitschuldig wußten, gewaltige Furcht. Es fürchteten sich nicht nur die, die dort dabei gewesen waren, sondern auch die, die von anderen etwas von dem unrechten Gut bekommen hatten. Und daher bekehrten sie sich zu Buße und Wehklage und bemühten sich, durch angemessene Wiedergutmachung und Rückgabe des Entwendeten und durch inständiges Bitten um die Verzeihung des Bischofs wieder Frieden zu finden mit Christus und seiner heiligen Mutter Maria."[247]

Es ist also Gott, der straft, und der Bischof, der Gnade gewährt. Ulrich erlaubt den Sündern, seine Verzeihung mit kompositorischen Bußen zu erkaufen.[248] Von himmlischen Strafen zur Bußwilligkeit Bekehrten gewährt er Vergebung. Die Buße kann allerdings auch körperliche Züchtigung bedeuten. Strafe und Buße verschmelzen.

> „Ein anderer, ein Mann aus dem Bistum Eichstätt, hatte aus Augsburg nur ein Stück ganz billigen Tafeltuchs nach Hause gebracht. Sofort wurde er vom Teufel besessen und konnte ihn nirgends mehr loswerden, weder in der Kirche noch außerhalb, noch durch Besprengung mit Weihwasser. Der Teufel wich nie von seiner Seite. Endlich machte er sich auf den Weg nach Augsburg, brachte das unrechte Gut zurück und bat den Bischof, er möge ihn im Namen Christi mit Ruten züchtigen und ihm die Vergebung seiner Schuld gewähren. Und so wurde er vom Teufel befreit und kehrte geheilt nach Hause zurück."[249]

---

247 Vita Oudalrici, c. 11 (FSGA 22, S. 100-/103): *timor magnus invasit in eos, qui se esse reos cognoverunt de praedicta praedatione Augustae civitatis, non solum in eos, qui illuc pervenerunt, sed et qui aliquid de iniuste adquisitis ab eis acceperunt; et ideo ad poenitentiam et lamentationem conversi, digna emendatione et restitutione abstractarum rerum et cum efflagitatione indulgentiae episcopi, studuerunt se cum Christo et cum sancta Maria matre eius pacificare.* Übers. Kallfelz ebd.

248 Vgl. Vita Oudalrici, c. 10 (FSGA 22, S. 100/101).

249 Vita Oudalrici, c. 11 (FSGA 22, S. 102/103): *Quidam etiam homo de episcopatu qui dicitur Eihstete partem vilissimi mensalis inde ad suam proprietatem portavit; et statim a demonio occupatus, nullum abscondendi locum ab eo invenire potuit, neque in aecclesia neque extra aecclesiam neque aspersus aqua benedicta, ni iuxta eum semper videretur manere, donec ad Augustam*

Der Bischof nimmt die Bußwilligen wieder in die Gemeinschaft auf. Er ist es, der in Stellvertretung Gottes die Vergebung der Sünden gewährt. Auch der Einsatz der Peitsche als Mittel des Bußvollzugs steht den Zeitgenossen dabei keineswegs fern. Legitimiert wird dieser Einsatz von Gewalt, indem er nicht der Bestrafung, sondern der Heilung des Sünders von der Sünde dient. Hier verhängt nicht der Bischof die Sanktion, sondern der Büßer bittet um sie. Die Strafe ist Teil eines heilsamen Bußprozesses. Führt die Strafe zu Einsicht und Reue, wird sie selbst zur Buße. Es handelt sich dann nicht mehr um eine vergeltende Sanktion, sondern um eine wiedergutmachende, verbessernde „Korrektur".

Vergehen gegen die Kirche und ihre Repräsentanten werden als Abweichen von der göttlichen Ordnung und somit als Sünde verstanden, auf die gerechte Strafwunder folgen können. Im Bischof hingegen manifestiert sich der Darstellung nach das Gnadenangebot Gottes, welches dem aufrechten Büßer die Rehabilitation ermöglicht. Der Bischof fungiert als Werkzeug zur Durchsetzung der göttlichen Ordnung und ist so gerechtfertigt.

Die jüngere Vita Meinwerks enthält aber auch Episoden, die die göttliche Wunderkraft geradezu als Werkzeug des Paderborner Bischofs darstellt, über welche er ganz selbstverständlich verfügt. Als seine Mutter versucht, ihm Güter durch Übertragung an andere Kirchen zu entziehen, wollen einige ihrer Männer die Rechtmäßigkeit der Schenkung durch einen Schwur über Reliquien bestätigen. Die Reliquien, auf die zu schwören sie gewohnt waren, werden herbeigeschafft.

> „Doch der Bischof verwarf diese und ließ sie über den Reliquien der heiligen Apostel Petrus und Paulus sowie des hl. Blasius schwören, die man aus seinen (mitgeführten) Laden hergetragen hatte. In der Absicht, die verwegenen Wünsche ihrer Herrin zu rechtfertigen, traten sieben Männer an die Reliquien heran. Die Hände zum Schwur auflegend, wurden sie alsbald von einem Schlag des Himmels getroffen: Vier von ihnen verloren das Augenlicht, den drei anderen erstarrten die

---

regrediens, iniuste inde rapta reportavit, et episcopum cum scopis ei flagella imponere pro Christi nomine postulavit et insuper indulgentiam praefati delicti condonare; sicque liberatus a demonio salvatus recessit. Übers. Kallfelz, ebd. Hier wiederholt sich in anderer Form die Vorstellung von dem Bösen, dass an den unrechtmäßig entwendeten Gegenständen haften bleibt. Vgl. das Gesagte zur „bösen Hand", Anm. 246.

erhobenen Hände, und alle Tage ihres Lebens blieben sie durch diesen Schlag gestraft. […] Indem er die offenkundige Wunderkraft Gottes der Mutter vor Augen stellte, ermahnte Meinwerk sie, endlich einmal Vernunft anzunehmen."[250]

Das Strafwunder behält den Charakter einer Mahnung und stützt auch hier die bischöfliche Autorität. Zugleich dient es aber deutlich seinen Zwecken und wird zudem von ihm durch die Wahl der Reliquien beeinflusst und herbeigeführt. Meinwerk verzichtet schließlich doch auf die Güter, „um nicht den Anschein zu erwecken, er habe den Untergang seiner Mutter veranlasst."[251] Diese Episode lässt einige Fragen offen, die heute nicht mehr hinreichend beantwortet werden können. Welchen Einfluss hatte die Wahl der Reliquien auf die Geschehnisse? Wessen Meinung hätte solches Gewicht, dass Meinwerk vor ihm nicht den Anschein erwecken will, den Untergang seiner Mutter verursacht zu haben, nachdem er doch bereits durch Gott ins Recht gesetzt wurde? Sollte vielleicht die naheliegende Vermutung unterbunden werden, dass Meinwerk sein Amt und die damit verbundene Macht zur Durchsetzung seiner eigenen Ziele instrumentalisierte?

Auch bei der Disziplinierung des aufsässigen Corveyer Küsters Boso verfügt Meinwerk ohne weiteres über göttliche Macht. Nachdem der Küster ihm eine Genugtuung verweigerte und damit dem Gehorsamsgebot nicht nachkam, hatte er prophezeit, Boso werde deshalb an seinem Todestag mit ihm vor den Richterstuhl Christi treten müssen.[252] Die Belange des Bischofs erscheinen zugleich als Belange Gottes; sein menschlicher Ärger als berechtigte Erregung des Heiligen Geistes, den er repräsentiert. Und so erfüllt sich die Prophezeiung.

---

250 Vita Meinwerci, c. 135 (MGH SRG 59, S. 70): *Ilico allatis reliquiis de ecclesia vicina Rene constructa in honore sanctę Cunerę, in quibus iurare consueverant, episcopus eas abiecit et prolatis de apothecis suis reliquiis sanctorum apostolorum Petri et Pauli et sancti Blasii, super eas eos iurare fecit. Qui votis domne sue temerariis satisfacere volentes, VII viri ad reliquias accesserunt et manus, ut iurarent, apponentes mox celesti plaga percussi, IV ex eis oculos amiserunt. aliis tribus erectę manus obriguerunt, et omnibus diebus vitę eorum tali plaga multati permanserunt. Manifestam ergo virtutem Dei matri proponens tandem aliquando eam resipiscere hortabatur*; Übers. Terstesse, S. 102-103.

251 Ebd.: *et se bonis beati Viti non indigere dicens, quę ei dederat, rata fecit, ne ullam occasionem pereundi matri dedisse videretur.*

252 Vgl. Vita Meinwerci, c. 145 (MGH SRG 59, S. 77).

„An dem Tage und zu der Stunde, da Bischof Meinwerk aus diesem Leben schied, starb mit einem Schlage Boso, der Mönch der Corveyer Kirche, als er sich im Kloster den Bart rasieren ließ, gesund und munter, [...] und gab durch sein Beispiel schrecklich zu erkennen, dass man den in den Herzen der Gläubigen wohnenden Heiligen Geist nicht aufbringen darf."[253]

Der mahnende Charakter bleibt bestehen, doch im Unterschied zur Ulrichsvita warnt Meinwerk niemanden mehr gütig vor. Er fordert einen ihm zustehenden Gehorsam und Respekt ein. Sein Biograph kommt ohne Verweis auf den guten Willen des Bischofs aus. Auch wird den Sündern keine Möglichkeit zur Buße eingeräumt. Die Urteile sind endgültig. Der Grundintention bzw. -argumentation nach bleibt Meinwerk zwar ein Werkzeug Gottes, in der konkreten Darstellung erscheinen Strafwunder allerdings als jederzeit verfügbares Werkzeug des Bischofs. Die vorausgesetzte Übereinstimmung schafft Spielraum, um Handlungen und Motive des Bischofs zu rechtfertigen. Bei den Wundern Suitgers von Münster betont der Autor: „Ein solcher Mann [wie Suitger] schrieb dieses nicht seinen Verdiensten zu, sondern der göttlichen Gnade."[254] Meinwerk steht die göttliche Macht zur Verfügung, ohne dass es noch einer besonderen Erklärung bedarf.[255]

Die ältere Vita Bernwards kündet demgegenüber davon, dass auch der Bischof selbst Ziel göttlicher Bestrafung sein konnte. Hier ist der Verweis auf christliche Ideale der Lebensführung noch deutlich zu spüren. So sieht sich Bernward von Gott ermahnt, über die weltlichen Geschäfte und den Reichs-

253 Vita Meinwerci, c. 219 (MGH SRG 59, S. 132): *Eadem autem die et hora, qua episcopus ex hac vita migravit, Boso Corbeiensis ecclesię monachus, cum raderetur in claustro, sanus et incolumis, intuens intuentes, alloquens alloquentes, repente expiravit, et non irritandum Spiritum sanctum in cordibus fidelium habitantem exemplo sui terribiliter declaravit.* Übers. Terstesse, S. 186; vgl. Eph 3,17; 1. Kor 3,16.

254 Ebd.: *Tantus vir hoc non suis meritis, sed divinę virtuti asscribens[...].*

255 Die Singularität der Meinwerksvita lässt keine gesicherten Aussagen zu. Nicht unwahrscheinlich ist aber, dass sich in der gewandelten Darstellung auch ein gefestigteres Verständnis des Bischofsamtes, seiner Befugnisse und seiner Rolle im Herrschaftsgefüge des 12. Jahrhunderts spiegelt. Dies wäre ein Hinweis auf den Erfolg der kirchlichreligiösen Argumentation sowie ihrer Auswirkungen auf das Rechtsverständnis und die weltiche Praxis. Zur Festigung des Amtsverständnisses vgl. Schubert: Reichsepiskopat, S. 93-102.

dienst nicht die Pflege des religiösen Lebens zu vernachlässigen. Im Privileg für das Michaelskloster innerhalb der Vita heißt es:

> „Als aber die Grundmauern des Neubaus gelegt, und die einzelnen Räumlichkeiten im Grundriß schon zu erkennen waren, wurde ich, damit kein Abschweifen auf irdische Geschäfte den Fortgang des Unternehmens verzögern könne, – Lob sei Christus! – vom Fieber ergriffen und war fünf Jahre lang krank. Weil aber nichts auf Erden ohne Grund geschieht, also glaube und vertraue ich: Der Herr züchtigte mich mit seinen Züchtigungen, doch dem Tod übergab er mich nicht, damit nicht durch meine Abwesenheit das Werk meiner Hoffnung unterbrochen werde."[256]

Der Autor interpretiert diese Selbstkritik auf bezeichnende Weise. Die Strafe, insofern sie zur Einsicht und tätigen Reue führen kann, ist keine herzlose Vergeltungsmaßnahme, sondern ein Angebot zur Buße, das vor der eigentlichen Strafe, der Verdammung der Seele, retten kann. Sie ist gerechtfertigt als Mittel der Verbesserung, der Rückführung auf den richtigen Weg, als *correctio*. Als solche ist sie ein Akt der Liebe. „Denn wer, während er ein solches Werk betrieb, durch Züchtigungen des Himmels geläutert zu werden verdiente, der wird erwiesenermaßen von Gott geliebt."[257]

3.2.2. Formen und Motive der Strafwunder

Es lässt sich festhalten, dass Strafwunder im Allgemeinen mahnenden Charakter haben. Die Mahnung gilt für den jeweils beschriebenen Fall, ist grundsätzlich aber auch an die Leser gerichtet. Dass diese überwiegend im kirchlichen Kontext anzusiedeln sind, kann erklären, warum sich viele der Strafwunder mit dem Verhältnis der Untergebenen zu ihrem Bischof und der Einhaltung religiöser Pflichten beschäftigen. Der Rückgriff auf die Autorität Got-

---

[256] Vita Bernwardi, c. 51 (FSGA 22, S. 352-/355): *Fundato enim novello opere, et designatis eo loci locorum qualitatibus, ne occasio terrenae vagationis esset dilatio incepit operis – gloria tibi, Christi! – tactus febris incommodo, aegrotare coepi quinquennio. Et dum nichil fit in terris sine causa, castigans castigavit me Dominus, et morti non tradidit me, ut credo et confido in Domino, ne absentia meae praesentiae fieret quaedam intermissio spei meae.* Übers. Kallfelz ebd.

[257] Vita Bernwardi, c. 52 (FSGA 22, S. 354/355): *Qui enim tali insistens operi, caelesti verbere merebatur eliquari, manifestis indiciis probabatur a Domino diligi.* Übers. Kallfelz, ebd.

tes ermöglicht dem Autor, auch normsetzend auf Belange seines gegenwärtigen Umfeldes einzugehen. Wer die göttliche Ordnung verletzt, d.h. vor allem, wer seinen Pflichten gegenüber der Kirche und ihren Repräsentanten nicht nachkommt, hat mit himmlischer Strafe zu rechnen. Dafür stehen dem allmächtigen Gott sämtliche natürlichen und übernatürlichen Formen der Sanktionierung zu Gebote. Sie können jeden treffen, der mit der göttlichen Ordnung bricht. Nicht nur den Bauern, den Gärtner, die Nonne oder den Adligen, sondern ebenso den König oder sogar den Bischof selbst.

Nur über die Buße und die Verzeihung des Bischofs ist eine Rehabilitation möglich. In den meisten untersuchten Fällen bringt gerade das Strafwunder die Sünder zur Einsicht in ihre Verfehlungen und eröffnet so die Möglichkeit, Reue zu empfinden und den Weg heilsamer Buße einzuschlagen. Strafwunder erscheinen dann als wohlwollende Mittel zur Rettung der Seele, als heilsam korrigierender Eingriff, als *correctio*. Der Bischof fungiert dabei in den älteren Viten als Mittler der göttlichen Gnade, der stellvertretend die Sünden vergibt. Strafe und Buße greifen ineinander. Die Übernahme des Bischofsamtes macht den Bischof zum Repräsentanten des göttlichen Willens und legitimiert so seine Handlungen und damit auch seine Sanktionstätigkeit. Diese orientiert sich daher an den Vorstellungen göttlicher Sanktionierung, die entweder der gerechten Vergeltung oder der heilsamen *correctio* im Hinblick auf die Seelen dient. Daraus ergibt sich zugleich ein entscheidender Einfluss des Bischofs auf die Auslegung und Handhabung des Bußprozesses.

Die jüngere Meinwerksvita lässt Hinweise auf eine Verfestigung dieser Vorstellungen im Zuge der fortschreitenden Ausbildung eines bischöflichen Amtsbegriffs erkennen.[258] Der Grundgedanke der Stellvertreterschaft verstärkt sich und wird zu einem unkritisch dargestellten Bestandteil des Bischofsamtes, der kaum noch einer weiteren Erläuterung bedarf. Der Bischof wird vom bloßen Mittler zum eigenständigen Verwalter himmlischer Kräfte stilisiert. Das zeigt sich z.B. im Falle der Prophezeiung gegen Corveys Küster Boso.

---

[258] Vgl. Anm. 255.

„Nachdem der dreimal Gerufene nicht erschienen war, gebot er [Meinwerk] ihm nicht mit dem Wunsch nach Vergeltung, sondern mit der Verkündigung einer Prophezeiung: Jener solle, an welchem Tage auch immer er selbst sterbe, mit ihm zum Richterstuhl Christi hintreten, um ihm wegen des angetanen Unrechts Rede und Antwort zu stehen."[259]

Die Prophezeiung erfüllt sich. Meinwerk wird zum auserwählten Propheten, der sich bei seinen Entscheidungen ganz selbstverständlich auf den Ratschluss Gottes berufen kann. „Als man ihn aber um dessen willen, der die Ehrenkränkung begangen hatte, oft und stark anging, gab er an, man könne Gottes Entscheidung nicht umwandeln."[260]

3.3. Kollektive Sanktionen: „Rechtsförmige" Sanktionierung

Es kann hier nicht auf die umfangreiche Diskussion um Gestalt, Verfassung und Wirkung von Recht und Rechtslage im Untersuchungszeitraum eingegangen werden. Sanktionen, die in mehr oder weniger „öffentlichen" Verhandlungen, unter Mitwirkung des Bischofs, nach Maßgabe gewisser, formaler Regeln, durch Kollektive auf Synoden, Hoftagen, im Königs- oder Sendgericht beschlossen werden, sollen, dieser Ansätze einer allgemeinen, „öffentlichen" Rechtsprechung wegen, als „rechtsförmig" bezeichnet und als eigenständige Kategorie betrachtet werden. Die Darstellung des Bischofs in solchen Verhandlungen ist von Vita zu Vita kontextspezifisch sehr unterschiedlich. Es wird daher nur auf allgemeine Tendenzen eingegangen, die Aufschluss über Formen, Arten und legitimierende Vorstellungen von Sanktionierung geben. Dabei zeigt sich besonders, dass der Bezug auf eine göttliche Weltordnung auch in dieser Kategorie die Darstellung bestimmt. Es kommt nur zu wenigen konkreten Nennungen von Sanktionen. Die Viten beschränken sich im Allgemeinen darauf, die Teilnahme an öffentlichen Verhandlun-

259 Vita Meinwerci, c. 145 (MGH SRG 59, S. 77): *Qui cum tercio vocatus non venisset, non vindictę voto, sed prophetię preconio ei precepit, ut, quacumque die ipse de corpore exiret, ille secum ad tribunal Christi sibi responsurus de illata iniuria migraret.* Übers. Terstesse, S. 112.

260 Ebd.: *sed pro eo, qui contumeliam fecerat, sepe et multum rogatus decretum Dei non posse immutari perhibuit.*

gen als Beispiel vorbildlicher Pflichterfüllung aufzuführen und das Verhalten des Bischofs dabei ebenso vorbildlich wie unverbindlich darzustellen. Maßgeblich dafür ist eben jene Übereinstimmung des Bischofs mit den Vorstellungen göttlicher Weltordnung und deren Umsetzung im weltlichen Prozess der Entscheidungsfindung. Sie bildet die legitimatorische Grundlage für die Interpretation „rechtsförmiger" Sanktionen und muss als solche, in ihren Grundzügen, mit betrachtet werden. Konkretere Darstellungen finden sich nur dort, wo es um spezifische Belange des Bistums bzw. Interessen des Autors geht. So fallen unter diese Kategorie nur 11% der Sanktionsdarstellungen der Vita Brunonis und 12% der Vita Oudalrici, aber bereits 32% der Vita Meinwerci, deren Autor die rechtliche Absicherung der Güter des Bistums bzw. des Klosters Abdinghof forciert und ganze 42% der Vita Bernwardi, in der die rechtliche Auseinandersetzung im Zuge des Gandersheimer Streits im Mittelpunkt steht. Es ergibt sich ein Mittel von 26% der Sanktionsdarstellungen aller Viten.

3.3.1. König und Papst als letzte Instanz vor Gott

Obwohl die Darstellung öffentlicher Verhandlungen, aufgrund ihrer Verflechtung mit den jeweiligen Interessen des Autors, im Grunde für jede Vita einzeln vorgenommen werden müsste, wofür hier kein Raum ist, sind doch gewisse Parallelen insbesondere bezüglich der Hierarchie solcher Zusammenkünfte auszumachen. Dabei wird deutlich, dass in allen Viten der Vorrang des Königs bzw. Kaisers unangetastet bleibt. Die Zustimmung des Papstes erscheint nur als zusätzliches Element der Legitimierung des königlichen Primats. König und Papst stimmen in ihren Urteilen stets überein. Widersprüche oder Konflikte zwischen ihnen werden auch in der jüngeren Vita Meinwerks nicht erwähnt.

Dieser unangefochtene Primat des Königs erklärt die große Bedeutung, welche der Königsnähe der Bischöfe auch in den Viten eingeräumt wird. Selbst die Kapriolen Meinwerks mit Heinrich II. enden stets in Einhelligkeit.

Es ließe sich formulieren: Je näher der Bischof dem König steht, desto mehr ist er rechtlich legitimiert.

Die Vita Bruns, der nahezu auf gleicher Ebene mit seinem Bruder regierte und wohl von allen hier behandelten Bischöfen die größte Königsnähe für sich beanspruchen darf, macht dies in allgemeiner Form deutlich. Ruotger lässt Otto sagen: „Ich werde für recht befinden, was du tun wirst, mögest auch du für recht befinden, was ich tun werde."[261] Brun handelt also in Übereinstimmung mit dem König. Diese Legitimation nutzt er, um Einfluss auf die untergeordneten Instanzen auszuüben. Dementsprechend beruft er, nachdem Otto I. ihm die Verantwortung für Lothringen und den Westen übertragen hat, Versammlungen sowohl mit den „Großen des Landes"[262] als auch mit den führenden Kirchenmännern[263] ein, um sie auf seine und des Königs Ziele hin zu indoktrinieren.

Diese Hierarchie bleibt auch in den anderen Viten in ihren Grundzügen unangetastet. Im Zuge des Gandersheimer Streits, also eines Konfliktes zwischen kirchlichen Herrschaften, scheitern zunächst alle Bemühungen um eine Lösung im Rahmen der Synoden. Bernward sucht schließlich Unterstützung bei Heinrich II. in Rom, von dem er überschwänglich freundschaftlich aufgenommen wird. Seine größere Königsnähe bewirkt nicht nur die Einberufung einer Synode unter Vorsitz des Kaisers und des Papstes, die zu seinen Gunsten entscheidet, der Autor sieht auch den Grund für die Feindschaft Erzbischof Williges darin, „daß der Kaiser unseren ehrwürdigen Bischof mit ganz besonderer Liebe und mehr Vertraulichkeit als andere behandelte."[264] Williges könne es nicht ertragen, „daß er seine Vertrauensstellung beim Kaiser mit

[261] So nach der Übersetzung von Hatto Kallfelz; Vita Brunonis, c. 20 (FSGA 22, s. 208/209): *Id michi reputare libet, quod feceris, id itidem libeat tibi, quod fecero.* Übers. Kallfelz ebd.; seiner Übereinstimmung mit Brun, seinem Vertrauen zu ihm und der Übertragung der Aufgaben widmet Ruotger nahezu ein ganzes Kapitel, in dem Otto in wörtlicher Rede zu ihm spricht. Vgl. Vita Brunonis c. 20 (FSGA 22, S. 206-211).

[262] Vita Brunonis, c. 21 (FSGA 22, S. 210/211): *principes regni;* Übers. Kallfelz, ebd.

[263] Vgl. Vita Brunonis, c. 22 (FSGA 22, S. 212/213).

[264] Vita Bernwardi, c. 18 (FSGA 22, S. 306/307): *Hanc autem iram et indignationem archiepiscopi adversus venerandum praesulem creavit maxime maxime praecipua familiaritas domni imperatoris, qua illum speciali devotione pietatis caeteris familiarius percoluit.* Übers. Kallfelz, ebd.

einem anderen teilen mußte."[265] Die Königsnähe ist der entscheidende Faktor in Streitfällen. Sie setzt ins Recht. Erst auf Heinrichs Intervention hin gelingt es, den Streit vorläufig beizulegen und den Erzbischof zum öffentlichen Verzicht zu bringen. „Durch Gottes Gnade und durch die Weisheit des frommen Fürsten war also alles in Friede und Eintracht beigelegt, und so ging man auseinander."[266]

Auch in der jüngsten Vita bleibt die endgültige Entscheidung noch dem Kaiser überlassen. Meinwerk, um die Verschonung des Lebens seiner Mutter angegangen, leitet den Fall an Heinrich weiter. „Er wandte sich an den Kaiser und vertraute seinem Urteil und Ermessen an, auf welche Weise die Sache abgeschlossen werde, gemäß dem, was der Ehre des Reiches angemessen und ihrer Seele förderlich sei."[267]

In allen Viten bleibt die sakrale Stellung des Herrschers letztlich unangetastet. Grade die, größten Teils von der Reichskirche getragene, „ottonische Kunst" ottonisch-frühsalischer Zeit zeugt anschaulich von der Verbreitung dieser Auffassung göttlicher Weltordnung, stilisiert den Herrscher zum *vicarius Christi* und thematisiert so eine wesentliche Basis seiner Herrschaftslegitimation. In ihm verbinden sich weltliche Weisheit und die Ehre des Reiches mit der göttlichen Erwähltheit und der damit einhergehenden Befähigung auch zum Wohle der Seelen zu urteilen. Der König war Herrscher von Gottes Gnaden und trug – gemeinsam mit den Bischöfen als Nachfolger der Apostel und Stellvertreter des Herrn – die Verantwortung für die rechte Lenkung des Volkes.[268] Aus seiner unangefochtenen Stellung leiten sich die rechtlichen Kompetenzen der von ihm eingesetzten Bischöfe, mit ihrer gleichermaßen weltlichen wie geistlichen Sphäre, ab. Die Nähe zum König setzt demnach ins

---

[265] Ebd.: *et ob hoc animositatem invidiamque plurimorum in se commovebat, adprime quoque Mogontini episcopi, qui indignabatur, aliquem praeter se familiaritatis locum apud imperatorem habere.*

[266] Vita Bernwardi, c. 43 (FSGA 22, S. 344/345): *sicque Dei gratia rebus in pace et caritate sapientia piissimi principis compositis, discessum est.* Übers. Kallfelz, ebd.; vgl. ebd.

[267] Vita Meinweci, c. 132 (MGH SRG 59, S. 67): *Tandem victus instantia postulantium vix acquievit et accedens ad imperatorem eius iudicio et arbitrio, quomodo terminaretur, secundum quod honori imperii congrueret et animę eius expediret, commisit.* Übers. Terstesse, S. 99.

[268] Vgl. Keller, Althoff: Krisen und Konsolidierungen, S. 396f.

Recht, weil sie der Legitimation durch Übereinstimmung mit der göttlichen Weltordnung entspricht. Letztlich finden „Recht" und „rechtsförmige" Sanktionen in den Viten ihre Legitimation in der angenommenen Übereinstimmung mit dem Willen Gottes. So heißt es zur Verurteilung des Grafen Balderich und Meinwerks Mutter Athela wegen Mordes: „Da das Blut der Unschuldigen von Gott her Vergeltung fordert, gingen sie, durch gerechten Urteilsspruch nach allgemeinen Gesetzen bestraft und verbannt, jeglichen Rechts und Gesetzes verlustig."[269] Diesen Vorstellungen entsprechend ist der König in den Viten die letzte Instanz rechtsförmiger Entscheidungsprozesse.

3.3.2. Der Bischof im Königsgericht und auf Synoden

Es wird nur eine konkrete Sanktion im Rahmen des Königsgerichts genannt, an der ein Bischof der betrachteten Viten mitgewirkt hat: die Abwandlung der von Meinwerk geforderten Todesstrafe gegen dessen Mutter in eine kompositorische Buße zu Gunsten ihres Sohnes.[270] In anderen Fällen bleibt der Einfluss der Bischöfe fraglich. So beispielsweise die Rolle Meinwerks bei der späteren Verurteilung des Grafen Balderich und seiner Mutter Athela wegen des Mordes an zwei Edelleuten.[271] Dem Bischof kommt auch über den eigentlichen Rahmen des Königsgerichts hinaus die Rolle eines Beraters und Mittlers zu.[272] Dem König obliegt allerdings die von vielen Faktoren beeinflusste Entscheidung.

In der Ulrichsvita findet sich eine Episode, die zeigt, dass ein Bischof nicht immer nur auf der Richterbank neben dem König sitzen konnte. Als Heinrich, Sohn des Grafen Burchard, dem verstorbenen Ulrich auf den Augsburger Bischofsstuhl folgt, nimmt dieser an einem Aufstand teil, der scheitert.

---

[269] Vita Meinwerci, c. 140 (MGH SRG 59, S. 72): *sanguine innocentum vindictam a Deo expetente iusto iudicio publicis legibus dampnati et proscripti ius legemque omnem perdiderunt.* Übers. Terstesse, S. 105.

[270] Vgl. Vita Meinwerci, c. 132 (MGH SRG 59, S. 64-68).

[271] Vgl. Vita Meinwerci, c. 140 (MGH SRG 59, S. 72).

[272] Vgl. Kamp, Hermann: Friedensstifter und Vermittler im Mittelalter (Symbolische Kommunikation in der Vormoderne), Darmstadt 2001, S. 173-184.

Vor das Gericht Kaiser Ottos geladen, wird er zur Haft im Kloster Werden verurteilt und kann nur auf das Flehen der Augsburger Kleriker, des Herzogs Otto und anderer Bischöfe nach dreimonatiger Haft Verzeihung erlangen.[273] Diese Sanktionsdarstellung orientiert sich ebenfalls am Bild des zur Besserung strafenden Gottes, denn Heinrich wird zur Einsicht gebracht: „Jetzt endlich besserte sich der Bischof in vieler Hinsicht und versuchte, seinen Frieden mit Gott zu finden."[274]

Der sakral legitimierte Herrscher spielte allerdings auch im Rahmen kirchlicher Synoden eine tragende Rolle spielen. Die Synoden leiten ihre Legitimation ebenso von Gott ab und gelten als heilige Versammlungen.[275] Bezeichnenderweise wird ihnen von den Autoren umso mehr Gewicht zugemessen, wenn ihnen König oder Papst vorsitzt.[276] Das kanonische Kirchenrecht, als formeller Ausdruck und Richtschnur göttlich legitimierter Ordnungsvorstellungen, ging vor allem aus solchen Versammlungen hervor. Ihr primärer Aufgabenbereich ist die innere Organisation der Kirche. Ihre Entscheidungen entfalteten allerdings auch weit darüber hinaus gesellschaftliche Wirkung. Da die moralische Autorität der Synoden für die Christen verbindliche Normen zu setzen vermochte, definierten sie zugleich Normverstöße, die dann Anlass zu „rechtsförmiger" Sanktionierung werden konnten.

So wird Adalbero, der Neffe Ulrichs von Augsburg, den dieser schon vor seinem Tod zu seinem Nachfolger machen wollte, von einer Synode wegen Verstoß gegen die kanonischen Vorschriften und Ketzerei angeklagt, weil er sich öffentlich mit dem Bischofsstab zeigte.[277] Von dem Vorwurf kann er sich nur durch einen Reinigungseid befreien. Auf die vorzeitige Übernahme des Bischofsamts muss er verzichten und sein plötzlicher Tod verhindert einen

---

273 Vgl. Vita Oudalricic, c. 28 (FSGA 22, S. 152-167).

274 Vita Oudalrici, c. 28 (FSGA 22, S. 160/161): *Tunc demum in meliora multipliciter mutatus, cum Deo se pacificare conatus est*; Übers. Kallfelz, ebd.

275 Vgl. Vita Meinwerci, c. 178 (MGH SRG 59, S. 98ff.).

276 Vgl. Vita Oudalrici, c. 23 (FSGA 22, S. 128-/133); Vita Bernwardi, c. 22 (FSGA 22, S. 312-/317).

277 Vita Oudalrici, c. 23 (FSGA 22, S. 128-/131): *irati sunt contra eum, et dicebant, ut contra canonicae rectitudinis regulam in heresim lapsus fuisset, et quod pontificalis honorem sublimitatis vivente episcopo sibi plus iusto vendicaret, et ideo ultra eum episcopum ordinari non deceret.* Übers. Kallfelz, ebd.

späteren Amtsantritt. Damit nimmt die Synode bedeutenden Einfluss auf politische Verhältnisse und behauptet in diesem Fall unter Berufung auf die Autorität der kanonischen Vorschriften sogar eine gewisse Eigenständigkeit gegenüber dem König, der bereits sein Einverständnis zu Adalbero signalisiert hatte.[278]

Die Viten stellen die Synoden als Orte der Schlichtung durch Konsensbildung dar. Wo dies, wie im Falle der Auseinandersetzungen im Gandersheimer Streit, welche die Bernwardsvita schildert, nicht möglich ist, weil die jeweiligen Kompetenzen unklar sind, hilft nur der Rückgriff auf Kaiser und Papst als letzte Instanz. Abweichungen vom normativen und formalisierten Verlauf einer Synode, erscheinen als Rechtsbruch. So, als man dem Legaten des Papstes nicht den angemessenen Sitzplatz zugesteht. „Ein fürchterlicher Lärm brach aus, Recht und Gesetz wurden mißachtet, jegliche kanonische Ordnung hörte auf."[279]

Die Bernwardsvita, mit ihrer starken Parteinahme für die Hildesheimer, lässt erkennen, dass auch solche innerkirchlichen Konflikte und synodalen Schlichtungsversuche keineswegs immer friedlich verliefen. Das zeigt sich, als der päpstliche Legat im Auftrag einer unter Kaiser und Papst abgehaltenen Synode die Entscheidungen des Mainzer Erzbischofs Williges für nichtig erklärt, sein Vorgehen tadelt und ihm eine schriftliche Rüge zustellt.

> „Die Mainzer riefen trotzig nach Waffen und stießen unerhörte Drohungen gegen den Stellvertreter des Papstes und gegen Bischof Bernward aus. Der Legat aber und Bischof Bernward ließen sich weder durch den Tumult aus der Fassung bringen, noch durch die Drohungen einschüchtern. Obwohl sie über die größere Zahl von Rittern verfügten, riefen sie nicht nach den Waffen, sondern versuchten die Erregung zu dämpfen."[280]

---

278 Vgl. Vita Oudalrici, c. 21 (FSGA 22, S. 127-/129).

279 Vita Bernwardi, c. 28 (FSGA 22, S. 324/325): *Nam nec locus sessionis vicario apostolici idoneus conceditur, horribilis strepitus ingeminatur, ius fasque contempnitur, canonica disciplina annullatur*. Übers. Kallfelz, ebd.

280 Vita Bernwardi, c. 29 (FSGA 22, S. 326/327): *Ianuae interim aecclesiae panduntur, laici intromittuntur, fit strepitus tumultusque validus, Mogontinis exultantibus arma exposcunt, immensas minas ingerunt adversus apostolici vicarium et Bernwardum episcopum. Legatus autem et episcopus Bernwardus, nec tumultu moti, nec minis territi, licet numerosiores haberent militum copias, non arma fremunt, sed seditionem compescunt.* Übers. Kallfelz, ebd.

Die Durchsetzung „rechtsförmiger" Sanktionen war demnach keineswegs selbstverständlich. Der öffentliche Rahmen einer Synode bot keine Garantie für Akzeptanz und Gewaltlosigkeit. Warum sonst hätten dem Autor zu Folge beide Parteien ganz selbstverständlich eine Vielzahl Bewaffneter mitbringen sollen?[281] Es wird aber auch deutlich, wie sich der Bischof in einer solchen Situation idealerweise verhalten soll. Der Weg der Gewalt ist abzulehnen. Bernward und der Legat sind weder durch den Aufruhr noch durch Drohungen zu beeinflussen. Ihr vorgebliches Ziel bleibt die friedliche und einhellige Schlichtung des Konfliktes, der Ausgleich zur Wiederherstellung des inneren Friedens der Kirche. Letztlich kann Bernward nur über seine Nähe zum König soviel Einfluss auf die Entscheidungen der Synode nehmen, dass sich das Blatt zumindest zeitweilig zu seinen Gunsten wendet. Das ist umso aufschlussreicher als die neuere Forschung ermittelt hat, dass eigentlich die Mainzer „formal" im Recht waren.[282] Erst Heinrich II. gelingt es, den Streit vorläufig „in Frieden und Eintracht"[283] zu beenden und den Kirchenfrieden wieder herzustellen. „Williges unterwarf sich und den ganzen Streitfall dem Gericht des Kaisers und der Bischöfe und gab jeden Widerstand gegen die Anordnungen des Kaisers und die Beschlüsse seiner Mitbrüder auf."[284] Königsgericht und Synode standen sich demnach nicht nur personell sehr nahe.

---

[281] Es kommt zwar nicht zum Äußersten, doch der Erzbischof entzieht sich dem Urteil durch vorzeitige Abreise. Daraufhin suspendiert der Legat ihn von allen priesterlichen Amtshandlungen, bis er sich vor dem Papst rechtfertige. Auch diese Sanktion bleibt erfolglos. Willigis besetzt in der Folge militärisch das Kloster Gandersheim und soll gar für einen Überfall auf die Abtei Hilwartshausen verantwortlich sein. Damit unterscheidet die Auseinandersetzung der beiden Bischöfe kaum noch etwas von einer „gewöhnlichen" Adelsfehde. Vita Bernwardi, c. 31 (FSGA 22, S. 328/329): *Cum iam omnia parata essent, et ipse in proximo futurus esset, supervenientes nocturno tempore homines archiepiscopi, cuncta invadentes dissipaverunt, aliquantos vero domesticos episcopi crudeliter caesos dimiserunt*. Übers. Kallfelz, ebd.

[282] Vgl. Goetting: Hildesheimer Bischöfe, S. 159ff.

[283] Vita Bernwardi, c. 43 (FSGA 22, S. 344/345): *in pace et caritate*; Übers. Kallfelz, ebd.

[284] Vita Bernwardi, c. 43 (FSGA 22, S. 342/343): *Veruntamen coram multis episcopis aliisque principibus, [...] illum conveniens, tanta auctoritate pertinaciam animi illius digna invectione confregit, ut se totamque controversiam illius iudicio et fratrum submitteret, et in nullo vel eius iussis vel fratrum votis obstaret*. Übers. Kallfelz ebd.

Synoden konnten nicht nur im innerkirchlichen Bereich sanktionieren, sondern ihre Urteile trafen auch Laien. So berichtet die Meinwerksvita, dass eine Synode unter dem Erzbischof von Mainz gegen den Grafen Otto von Hammerstein wegen einer unerlaubten Eheschließung den Kirchenbann verhängte, worauf dieser das Bistum mit Feuer und Schwert durchzog.[285] Eine spätere Synode soll schließlich die unvorschriftsmäßige Ehe trennen, doch zu diesem Zeitpunkt ist es dem Grafen bereits gelungen sich „wie auch immer"[286] zu bessern. „Die Frau aber verlor daselbst als öffentliche Sünderin ganz und gar alle Rechte."[287]

Alle Viten stellen die Synoden unter einem vorrangigen Motiv dar. Es geht ihnen in ihren Entscheidungen stets um die Einheit der Kirche sowohl in theologischen und „rechtsförmigen" Fragen als auch in Ritus, Organisation und Repräsentation. „Denn unziemlich schien es der heiligen Versammlung, dass die Glieder mit dem Haupt nicht übereinstimmten und widersprechende Ansichten im Gefüge des Leibes existierten."[288] Die Begründung des Synodenurteils über Williges ist bezeichnend für die Zielsetzung solcher Verhandlungen. Bei seinem Vorgehen handele es sich um „[e]ine Spaltung, die Zwietracht stiftet"[289], um einen Verstoß gegen die kanonischen Bestimmungen[290]

[285] Vgl. Vita Meinwerci, c. 166 (MGH SRG 59, S. 88).

[286] Siehe Anm. 287.

[287] Vita Meinwerci, c. 177 (MGH SRG 59, S. 98): *precipue tamen Ottonem comitem predictum de Hamerstein et Irmingardam, illicite commanentes, separare disposuit; quod tamen perficere non potuit, quia ille se partim regali timore partim episcopali commonitione utcumque correxit, illa vero publice bannos prevaricans ibidem ius legemque omnem funditus perdidit.* Übers. Terstesse, S. 138.

[288] Vita Meinwerci, c. 178 (MGH SRG 59, S. 98): *in qua presentibus episcopis Burghardo Wormatiense, Werinhardo Argentino, Brunone Augustense, Everhardo Bavenbergense, Meginhardo Wirciburgense communi eorum consilio atque consensu multimodam divinorum officiorum atque sinodalium legum dissensionem composuit et disparilitatem singularium consuetudinum honesta consensione in unum redegit. Inconveniens quippe sancto conventui visum est, quod membra capiti discordarent et ulla diversitas esset in;* Übers. Terstesse, S. 138-139; vgl. ebd.

[289] Vita Bernwardi, c. 22 (FSGA 22, S. 314/315): *Scisma concilians discordias;* Übers. Kallfelz, ebd.

[290] Ebd.

aus der „der Kirche ein gefährliches Ärgernis erwachsen“[291] könne. Frieden und Eintracht der Kirche sollten erhalten werden. Als Mittel dazu erscheint die Konsensbildung, als Leitfaden dienen die kanonischen Vorschriften. Im Konsens der Synode spiegelt sich der angestrebte, rechtfertigende Einklang mit Gott wider.

Die Schilderung des gegen diese Vorschriften verstoßenden Antrags Ulrichs, vorzeitig aus seinem Amt zu scheiden, zeigt, mit welcher Schläue dabei die Wahrung des öffentlichen Konsenses betrieben werden konnte. Als man sich nicht einigen kann „forderten die Geschicktesten von ihnen mit Einverständnis der anderen den heiligen Ulrich auf, außerhalb der Synode mit ihnen ein wenig auf und abzugehen.“[292] Unter Ausschluss der Öffentlichkeit machen sie ihm das Angebot Adalbero als Nachfolger zu akzeptieren, er dürfe jedoch nicht vorzeitig von seinem Amt zurücktreten. „Denn wenn durch dich dieser Mißbrauch einreißt, werden in Zukunft vielen ehrwürdigen und guten Bischöfen von seiten ihrer Neffen und Geistlichen, die entsprechende Absichten haben, Schwierigkeiten in großer Zahl erwachsen.“[293] Ulrich akzeptiert, der öffentliche Konsens bleibt gewahrt. Auf solch pragmatische Weise konnten also heikle Situationen außerhalb der Öffentlichkeit ohne größeren Skandal bewältigt werden. Der Heiligkeit Ulrichs tut dies keinen Abbruch, denn es zeigt seine Einsicht und Demut gegenüber seinem Amt und den kanonischen Vorschriften selbst im Greisenalter. Noch auf dem Sterbebett lässt ihn Gerhard reuig Ausrufen: „Wehe, wehe, daß ich diesen meinen Neffen Adalbero je gesehen habe, denn weil ich seinem Wunsch willfährig war, wollen sie mich nicht ungestraft in ihre Gemeinschaft aufnehmen.“[294]

---

291 Vita Bernwardi, c. 21 (FSGA 22, S. 312/313): *periculosum scandalum in aecclesia hac insolentia posse generari;* Übers. Kallfelz, ebd.

292 Vita Oudalrici, c. 23 (FSGA 22, S. 132/133): *sed sapientissimi ex ipsis cum consilio aliorum extra synodum eum ambulare cum illis postulaverunt;* Übers. Kallfelz, ebd.

293 Ebd.: *quia si ex te talis consuetudo incipit perpetrari, in posterum multis reverendis et bonis episcopis ab eorum nepotibus et clericis talia desiderantibus multa concrescunt adversa.*

294 Vita Oudalrici, c. 26 (FSGA 22, S. 142/143): *Heu! Heu! Quod illum nepotem meum Adalberonem umquam vidi, quia pro eo, quod ei consentiebam secundum desiderium suum, nolunt me inpunitum in suum recipere consortium.* Übers. Kallfelz, ebd.

Der Drang zur flächendeckenden Vereinheitlichung kirchlicher Normen, die sich als Ausdruck der Vorstellungen von einer göttlichen Weltordnung legitimieren, schlägt sich in der synodalen Gesetzgebung nieder. Der Autor der Vita Meinwerks hält sie für so bedeutsam, dass er gleich eine ganze Reihe dieser Beschlüsse in die Vita aufnimmt. Sie lassen sich auf den bedeutenden Kirchenrechtler Bischof Burchard von Worms (*ca. 965, †20. August 1025) zurückführen, der dem Autor nach auch persönlich an der geschilderten Provinzialsynode zu Seligenstadt teilnimmt.[295] Insbesondere jene Bestimmungen, die sich mit dem Bußprozess befassen, geben Aufschluss über die dahinterstehenden Vorstellungen.

> „6. Gefragt wurde daselbst, was man darauf zu tun habe, wenn zwei des Ehebruchs beschuldigt worden sein und einer frei bekenne, der andere aber leugne. Von der hl. Versammlung wurde angeordnet: Der geleugnet hätte, solle sich vor einem achtbaren Gericht rechtfertigen; der bekannt hätte, entsprechend Buße tun.
> [...]
> 16. Auch das wurde unter Bannandrohung verfügt: Kein Priester maße sich an, einem Büßer die Bußzeit zu verteilen, sofern keine Krankheit entgegensteht.
> 17. Weil sich ja viele in ihrer so großen geistigen Einfalt täuschen, dass sie, eines Kapitalverbrechens angeklagt, die Buße nicht von ihren Priestern empfangen wollen – da sie fest darauf vertrauen, dass ihnen, wenn sie nach Rom gehen, der Papst alle Sünden nachlasse –, war die heilige Versammlung der Meinung, dass eine solche Lossprechung ihnen nicht nützt. Vielmehr sollen sie vorher die ihnen nach Art des Vergehens von ihren Priestern auferlegte Buße erfüllen. Sofern sie dann nach Rom gehen wollen, sollen sie vom eigenen Bischof die Erlaubnis und ein Schreiben erhalten, das sie dem Papst wegen dieser Angelegenheit zu überbringen haben.
> 18. Ferner wurde in dieser Versammlung angeordnet: Jeder Büßer darf, solange er in seiner Bußzeit fastet, nicht von einem Ort zu einem anderen wegziehen. Vielmehr hat er dort zu bleiben, wo er seine Buße empfangen hat, damit sein Priester ihm Zeugnis gewähre. Wenn er aber daselbst wegen feindlicher Nachstellungen nicht fasten kann, soll ihn sein Priester einem seiner Mitbrüder, wo er in Frieden fasten kann, sehr gewissenhaft anvertrauen.
> 19. In dieser Versammlung bestimmte man auch, kein Priester erdreiste sich, irgendeinen – außer auf Geheiß des Bischofs – in die Kirche hineinzuführen, dem wegen eines Vergehens hineinzugehen nicht erlaubt sei."[296]

---

[295] Vgl. Wolter, Heinz: Die Synoden im Reichsgebiet und in Reichsitalien von 916 bis 1056, Paderborn u.a. 1988, S. 297ff.

[296] Vita Meinwerci, c. 178 (MGH SRG 59, S. 99-101): *Sextum. Interrogatum est ibidem, si duo in adulterio inculpati fuerint, et unus profiteretur et alter negaret, quid inde agendum esset. De-*

Die Bestimmungen zeugen von den Bemühungen der Kirche flächendeckende, einheitlich bindende Normen nach Art formaler Rechtssätze zu etablieren. „Kapitalverbrechen“ werden ganz selbstverständlich nach zunehmend formalisierten Regeln und unter Festlegung der Zuständigkeiten und der Form des Bußprozesses mit Bußen belegt. Man versucht, einem Umgehen dieser „öffentlichen Kontrolle“ entgegenzuwirken. Der Aspekt der Reue verliert an Bedeutung. Kirchliche Bußen erscheinen zugleich als „rechtsförmige“ Strafen.

Die normative Aufgabe des Bischofs in einer Synode besteht den Viten zu Folge also einerseits in der Einhaltung und Durchsetzung kanonischer Vorschriften und dem Erhalt der Einheit und des Friedens innerhalb der Kirche, andererseits wiegt letztlich die Beziehung zum König doch mehr. Dies gibt auch hier keineswegs Anlass zur Kritik. Die Übereinstimmung mit König und Papst setzt ganz selbstverständlich ins Recht. Sie kann daher vom Autor ebenso als darstellerisches Mittel zur Erhöhung des Ruhmes seines Bischofs in die Hagiographie einfließen, wie die Übereinstimmung mit Synode und Kirchenrecht. Beides gilt als Zeugnis seiner Übereinstimmung mit dem göttlichen Willen.

---

cretum est autem a sancto concilio , ut ille, qui negaverit, probabili iudicio se expurget, et qui professus fuerit, digne penitentiam agat. […] Sextum decimum. Et illud sub anathemate preceptum est, ut nullus presbyterorum cuiquam penitenti carinam dividere presumat, si infirmitas non intervenerit. […] Septimum decimum. Quia multi tanta falluntur mentis suę stulticia, ut in aliquo capitali crimine inculpati penitentiam a sacerdotibus suis suscipere nolunt, in hoc maxime confisi, ut Romam euntibus apostolicus omnia sibi dimittat peccata, sancto visum est concilio, ut talis indulgentia illis non prosit, sed prius iuxta modum delicti penitentiam sibi datam a suis sacerdotibus adimpleant, et tunc Romam ire si velint, ab episcopo proprio licentiam et litteras ad apostolicum ex hisdem rebus deferendas accipiant.[…] Octavum decimum. Decretum est etiam in eodem concilio, ut omnis penitens, dum carinam suam ieiunet, de loco ad locum non migret, sed permaneat, ubi suam acceperit penitentiam, ut proprius sacerdos sibi prebeat testimonium. Si autem ibi propter hostiles insidias ieiunare non poterit, suus sacerdos eum confratrum suorum alicui, ubi pacifice possit ieiunare, diligentissime commendet.[…] Nonum decimum. In eodem quoque concilio decretum est, ut nullus presbyterorum quemquam nisi iussu episcopi ecclesiam introducere presumat, cui pro aliquo delicto ingredi non liceat. Übers. Terstesse, S. 140-143.

3.3.3. Das Sendgericht des Bischofs

Als Konsequenz der Bestrebungen zur flächendeckenden Durchsetzung kirchlicher Normen entsteht aus der kanonisch verordneten Aufsichts- bzw. Visitationspflicht des Bischofs die Institution des bischöflichen Sendgerichts. Während die Viten Bruns und Bernwards darüber schweigen, enthält die Ulrichsvita eine aufgrund ihrer Seltenheit berühmt gewordene Darstellung dieser gerichtlichen Verhandlungen. Sie beschreibt, wie der Bischof reist, wie er die Verhandlungen gemäß kanonischer Vorschriften, nach Laien und Klerikern getrennt, führt und welcher liturgische Aufwand dabei betrieben wird.[297] Konkrete Sanktionen nennt der Autor allerdings nicht. Es reicht ihm, ganz allgemein auf die Durchsetzung der kanonischen Vorschriften, deren Rechtmäßigkeit unbezweifelbar erscheint, zu verweisen, um die Vorbildlichkeit des Bischofs hervorzuheben. So, wenn es im Gericht über Laien zu Streit oder Widerspruch kam.

> „Dann befahl er [Ulrich], damit nicht aus diesem Grund etwas unverbessert bliebe, beim Schein von Kerzenlicht die kanonischen Bestimmungen vorzulesen, auf daß mit dem Riegel der Gerechtigkeit den Widerspenstigen der Mund gestopft, und alles durch gerechtes Urteil in Gottes Namen vollständig zum Abschluß gebracht werde."[298]

Nur in der jüngeren Vita Meinwerks erhalten wir weitere Hinweise darauf, wie weit die Befugnisse des Bischofs im Rahmen des Sendgerichts gehen konnten. In Kapitel 100 findet sich die einzige konkrete Nennung eines Urteils im Rahmen des bischöflichen Sendgerichts. Dort heißt es:

---

[297] Vgl. Vita Oudalrici, c. 6 (FSGA 22, S. 78-83).

[298] Vita Oudalrici, c. 6 (FSGA 22, S. 80/81): *Interdum autem cum de refragatoribus iusticiae tanta contentio excrevisset, ut decedente die tenebrae noctis funderentur in mundo, ne pro eo concilia inibi ventilanda remanerent incorrecta, luminibus incensis regulas canonicas legere praecepit, ut seris iusticiae ora refragatorum opilarentur, et iustis iudiciis omnia in Dei voluntate consummarentur.* Übers. Kallfelz, ebd.

„Thietmar der Ältere, der Bruder Herzog Bernhards II. von Sachsen, war ein in dieser Welt sehr tüchtiger Mann. Aber so reich an Siegen wie an Besitztümern, war er aufgeblasen vor Stolz und beim Erwerb von Vermögen durch die Fackeln der Habgier entflammt. Ja, er bemächtigte sich sogar gegen Recht und göttliches Gebot überall gewaltsam des Besitzes der Gläubigen. Zwischen anderen Anschlägen seiner Gewaltherrschaft begab er sich bei günstiger Gelegenheit zum Kloster Herford. Dort verübte er großes Unrecht, erbrach die Schatzkammer der daselbst ruhenden Heiligen sowie der Äbtissin Godesti, seiner Schwester, und der Gemeinschaft der hl. Maria und nahm daraus mehr Geld als recht weg. [...] Später wurde er von Bischof Meinwerk gemäß kanonischer Anordnung vor das bischöfliche Sendgericht gerufen und zur Wiedergutmachung seiner Vergehen vermahnt. Als er heilsame Reue empfunden und nützliche Wiedergutmachung geleistet hatte, wurde bestimmt, dass er dem Bischof 30 Talente Silbermünzen zu geben habe."[299]

Thietmar kann diese große Geldsumme nicht aufbringen und übergibt als Ausgleich seinen ganzen Besitz in „Brunincthorpe"[300] an die Paderborner Kirche.

Dieser Darstellung nach erfasste das bischöfliche Sendgericht also auch mächtige Große, wie den Bruder des Herzogs von Sachsen. Die Bestrafung erfolgt, wie so oft in der Meinwerksvita, durch materielle Buße. Dabei lassen sich hier alle drei wesentlichen Elemente der Buße ausmachen. Thietmar zeigt „heilsame Reue", leistet „nützliche Wiedergutmachung" und bringt darüber hinaus als eigentliche „Strafzahlung" den Gegenwert von 30 Talenten Silbermünzen aus seinem Besitz auf. Materielle Buße und religiöse Buße ver-

---

299 Vita Meinwerci, c. 100 (MGH SRG 59, S. 54-55): *Thietmarus senior, frater Bernhardi ducis Saxonie, vir in hoc mundo valde idoneus fuit, sed tantum viciis plenus quamtum rebus, superbia tumidus, in acquirendis rebus avaricię facibus accensus. Denique contra ius et fas ubique fidelium res invadens et diripiens, inter cetera tirannidis suę opera quodam tempore iter suum ad monasterium Herivordię direxit, faciensque ibi magnam munitatem, sanctoram ibidem requiescentium et suę sorori abbatissę nomine Godesti et congregationis sanctę Marię thesaurum confregit et inde plus iusto pecunię detraxit. Postea ad sinodum secundum canonicam constitutionem ab episcopo Meinwerco vocatus, ad corrigendum commissa est ammonitus. Quo salubriter compuncto et utiliter correcto, constitutum est eum episcopo dare XXX talenta denariorum.* Übers. Terstesse, S. 81-82.

300 Nach Bannasch, Hermann: Das Bistum Paderborn unter den Bischöfen Rethar und Meinwerk (983-1036) (Studien und Quellen zur Westfälischen Geschichte 12), Paderborn 1972, S. 269: entweder Brüntrup zwischen Detmold und Blomberg oder Brüntorf östlich Salzuflen.

schmelzen. Meinwerk erscheint dabei lediglich als ausführende Instanz. Er handelt, ohne dass näher darauf eingegangen wird, „gemäß kanonischer Anordnung".

Es ist wahrscheinlich, dass grade in der Vita Meinwerks einige der den individuellen Sanktionsdarstellungen zugeordneten Verhängungen von kompositorischen Bußen, sowie ein großer Teil der vom Autor angeführten Güterübertragungen, ebenfalls im Rahmen des Sendgerichts stattfanden; dass also Entscheidungen des Sendgerichts, die der Forschung nach unter Einbeziehung eines Beraterkreises gefällt wurden, in den Viten allein auf den Bischof selbst zurückgeführt werden. Dies wäre ein Beleg für die These, dass der Bischof bis ins 12. Jahrhundert die urteilsfällende Instanz blieb, da der Autor darin keinen Anlass zur Rechtfertigung oder Erklärung sieht, den Zeitgenossen dieses Vorgehen also geläufig gewesen zu sein scheint.[301] Dafür spricht die Einreihung der Thietmar-Episode in den Kontext anderer Vergehen, die jeweils mit Güterübertragungen enden. Da der Text hierzu allerdings keine genauen Angaben macht, kann dies nicht mit Sicherheit gesagt werden.

3.3.4. Formen und Motive kollektiver Sanktionen

Auch kollektive Sanktionen beziehen ihre Legitimation letztlich durch Gott. Die Vorstellungen von göttlicher Ordnung finden ihren menschlichen Ausdruck einerseits in der sakralen Vorrangstellung des Königs, der deshalb als letzte Instanz rechtsförmiger Entscheidungen dargestellt wird. Von Gott über den König leitet sich die Rechtmäßigkeit der untergeordneten Instanzen, also auch des Bischofs, ab. Sie manifestieren sich andererseits in den Synoden, deren Ringen um einen ordnungsbewahrenden Konsens zugleich als Bemühen um Übereinstimmung mit dem göttlichen Willen erscheint. Formell schlägt sich dieses Ringen in den Bestimmungen des kanonischen Rechts nieder, das zunehmend eigenständige Bedeutung erlangt.

301 Vgl. Kéry: Gottesfurcht und irdische Strafe, S. 75ff.

Kollektive Bestrafung kann dabei alle Arten körperlicher, materieller und sozialer Sanktionierung, von der Verwarnung über materielle und religiöse Bußen bis hin zu Rechtsverlust und Tod, umfassen. Die synodalen Beschlüsse in der Meinwerksvita machen deutlich, wie weit die kirchliche Aufsicht dabei über die innere Kirchenorganisation hinaus greift. Der Sünder soll sich seiner Buße nicht entziehen können. Ansätze einer einheitlichen, flächendeckenden, kirchlichen Disziplinierungsaufsicht werden beschrieben.[302] Als Motiv erscheint auch hier die Wahrung der göttlichen Ordnung, die das Seelenheil garantieren soll. Der Bruch mit der Ordnung muss gebüßt werden, um dem Sünder die Rehabilitation zugleich vor Gott und vor der Gemeinschaft zu ermöglichen. Es handelt sich aus dieser Perspektive also gleichermaßen um Ansätze eines „öffentlichen Strafrechts" zur Vergeltung von Ordnungsbrüchen und eines „öffentlichen Bußrechts" zur Rehabilitation und Disziplinierung derer, die mit den allgemeinen Ordnungsvorstellungen in Konflikt kamen. Der Strafgedanke und der Bußgedanke gehen auch hier fließend ineinander über.

3.4. Individuelle Sanktionen: Der strafende Bischof

Die Autoren der Viten beriefen sich auf die Legitimation ihrer Bischöfe durch Gott und den König. Mit dem Bischofsamt übernehmen diese die Aufgabe eines Hirten, der, stellvertretend für Gott, über die Herde seines Bistums wacht. Wie jener muss auch der Bischof die Herde einerseits gegen äußere Bedrohungen schützen und ihr andererseits ein friedliches und harmonisches Zusammenleben ermöglichen. „Draußen gab es für ihn Kämpfe, im Innern Besorgnis. Zu kämpfen hatte er gegen tollwütige Wölfe, die die Kirche Gottes

302 In diesem Zusammenhang sei daran erinnert, dass die Kirche, neben dem Königtum, die einzige, über den Stämmen stehende Instanz bildete. Darüber hinaus war sie als Institution nahezu flächendeckend materiell, personell und symbolisch präsent, während der Königshof stetig umherreiste. Ihre Bedeutung für die innere und äußere Formierung eines „Reichsganzen" und die Etablierung der dafür nötigen gedanklichen Voraussetzungen – nicht zuletzt der Rechtsvorstellungen – sollte daher nicht unterschätzt werden.

verwüsten wollten; Besorgnis erfüllte ihn um den reinen Glauben der Schafe des Herrn“[303].

Die Erfüllung dieser Aufgaben ist Zeichen seiner bischöflichen Tugend und seiner Erwählung durch Gott. Daher wundert es nicht, dass die Autoren diesem Hirtenbild Rechnung tragen. Gerade Sanktionen, die auf den Bischof selbst zurückgeführt werden, lassen sich diesem Schema zuordnen. Sie dienen überwiegend entweder der Abwehr äußerer Feinde oder der inneren Friedenssicherung und der Aufrechterhaltung der Ordnung. Die Darstellung solcher Maßnahmen ist einerseits ein Nachweis der guten Amtsführung des Bischofs, welcher als Repräsentant Gottes für die gottgewollte Weltordnung eintritt, andererseits ermöglicht sie dessen individuelle Züge zu charakterisieren, indem seine vorbildlichen Leistungen beispielhaft an konkreten Fällen aufgezeigt werden. Das jeweilige Vorgehen erscheint zwar situationsgebunden, hält sich aber in der Übersicht doch an gewisse, wiederkehrende Formen.

Die Ulrichsvita führt nur 12% der Strafdarstellungen auf den Bischof zurück. Zumeist straft Gott hier selbst. Auch die Bernwardsvita führt nur 17% der Sanktionen auf die Person des Bischofs zurück. Hier stehen das Ringen um die Rechtmäßigkeit der Hildesheimer Ansprüche im Gandersheimer Streit und damit kollektive Sanktionen im Mittelpunkt. Die Viten Bruns und Meinwerks hingegen rücken ihre Bischöfe ins Zentrum. 56% der Sanktionen in der Vita Brunonis und 42% in der Vita Meinwerci werden auf sie selbst zurückgeführt. Damit sind 35% der Sanktionsdarstellungen aller untersuchten Viten individuell.

3.4.1. Der Kampf gegen äußere Feinde

Äußere Bedrohungen des Bistums konnten nicht nur durch Einfälle reichsfremder Gruppen entstehen, sondern auch durch fehdenartige Auseinander-

---

303 Vita Brunonis, c. 22 (FSGA 22, S. 212/213): *Erant ei foris pugnę, intus timores […]. Pugnabat contra luporum ęcclesiam Dei devastare cupientium rabiem, timebat Domini ovium simplicitati*; Übers. Kallfelz, ebd.; vgl. 2. Kor 7,5.

setzungen und Rebellionen im Reich. Je nach Parteinahme des Bischofs erscheint dann die gegnerische Partei als Bedrohung des inneren Friedens. Die jeweilige politische Gesinnung entschied also im Zweifelsfall darüber, wer Freund und wer Feind war. Auch das Vorgehen gegen solche Feinde ist eine Sanktionierung unerwünschten Verhaltens und in diesem Sinne eine Bestrafung. Gerade dieser „Kampf gegen äußere Bedrohungen" macht die handfeste Dimension bischöflicher Kompetenzen und deren Interpretation in den Viten deutlich.

Die Bischöfe ottonisch-salischer Zeit stellten nicht nur Truppenkontingente, sondern waren maßgeblich an kriegerischen Handlungen beteiligt, wobei sie auch selbst Waffen tragen konnten.[304] So berichtet Ruotger, er habe seinen Erzbischof Brun zusammen mit den Erzbischöfen von Trier und Mainz „nicht nur bei Lesung, Beratung und gelehrtem Gespräch, sondern auch in der Schlacht"[305] gesehen. Ulrich ist nicht nur als Verteidiger Augsburgs maßgeblich an dem epochalen Sieg Ottos I. über die Ungarn auf dem Lechfeld beteiligt, seine Vita schildert auch eine Episode des Liudolf-Aufstandes genauer.

Gegen die Rebellen unter Pfalzgraf Arnulf, dem Sohn des Bayernherzogs Arnulf, die in das Augsburger Kirchengut eingefallen waren, Augsburg selbst plünderten und dann den Bischof in der Burg Mantahinga belagerten, spricht Ulrich den Kirchenbann aus. Er zeigt allerdings keine Wirkung.[306] Damit schöpft der königstreue Bischof, bereits militärisch in die Enge getrieben, erfolglos die traditionell-kirchlichen Sanktionen aus. Sein Biograph versucht von dem handfesten, kriegerischen Aspekt Abstand zu gewinnen, indem er das diplomatische Geschick seines Bischofs betont.

> „Er [Ulrich] aber beriet sich klug mit seinen Leuten, versprach dieses und jenes, gab die ergebensten Antworten, tauschte von Zeit zu Zeit Geiseln aus und versuchte auf jede Art und Weise, ihre Wut und ihre Feindseligkeit hinzuhalten"[307].

---

304 Vgl. u.a. Fichtenau: Lebensordnungen I, S. 280-282.

305 Vita Brunonis, c. 37 (FSGA 22, S. 236/237): *hos cum ipso simul non solum in lectione, consilio et disputatione, sed etiam in acie vidimus, providentes bona non tantum coram Deo, sed etiam coram hominibus*. Übers. Kallfelz, ebd.

306 Vgl. Vita Oudalrici, c. 10 (FSGA 22, S. 98/99).

307 Vita Oudalrici, c. 10 (FSGA 22, S. 98/99): *et ideo aestimabant, ut eorum decreto virtutem resistendi nullo modo adquirere potuisset; qui sapienti cum suis utens consilio, diversis promis-*

Ebenso wie Ruotger und Thangmar ist Gerhard dabei bemüht, seinen Bischof so darzustellen, dass er dem Feind, besonders wenn es sich um Christen handelt, vor allem mit den Waffen des Geistes entgegentritt. Gewalt bleibt ein letztes Mittel der Notwendigkeit. Doch in diesem Fall helfen Ulrich selbst „große Geldversprechungen"[308] nicht, den Frieden wieder herzustellen.

Retten kann den Augsburger Bischof erst das Eingreifen seines Bruders Dietbald und des Grafen Adalbert, die mit ihrem Kriegsvolk die Belagerer am frühen Morgen überraschen und „die einen im Lager, andere bei der Verfolgung"[309] töten. Als sich das Blatt schließlich gewendet hat und Ulrich siegreich nach Augsburg zurückkehren kann, gibt Gerhard dann doch, wenn auch nur implizit, zu verstehen, dass sein Bischof durchaus nicht nur den Kirchenbann anwendet, sondern auch über andere Möglichkeiten der Bestrafung verfügt. Deren Form bleibt allerdings ungewiss:

> „Keiner von denen, die in Augsburg feindlich gegen die Gottesmutter Maria Beute gemacht hatten, kam ungestraft davon, es sei denn, er hätte sich unverzüglich aus eigenen Mitteln die Verzeihung des ehrwürdigen Bischofs erkauft."[310]

Das Handeln der Bischöfe erscheint in den älteren Viten nie als Selbstzweck, sondern wird durch den Hinweis auf den Dienst an der Gemeinschaft gerechtfertigt. Sogar in der ausweglosen Situation Ulrichs, mit wenigen Männern in einer Burg belagert, ist es nicht die Bedrohung seines eigenen Lebens, die ihn dazu bringt den Kirchenbann auszusprechen, sondern die Verantwortung für seine Kirche und Gemeinde.

---

sionibus et humillimis responsionibus, et interdum obsidibus datis iterumque receptis ad se, eorum iras et invasiones omni modo mitigavit; Übers. Kallfelz, ebd.

308 Ebd.: *multa pecunia promissa […].*

309 Vita Oudalrici, c. 10 (FSGA 22, S. 100/101): *Haec vero obsessio cum comperta fuisset Adalperto comiti et Dietpaldo fratri episcopi, congregata phalange populi, prima die quadragesimalis temporis, quod est dies Lunae, mane diluculo castra inimicorum invaserunt. […] Illi autem eos sequentes, Heremannum fratrem Arnolfi adprehenderunt, quosdam in castris occiderunt, qusdam vero ulterius subsequentes interfecerunt.* Übers. Kallfelz, ebd.

310 Ebd.: *Nullus enim eorum, qui antea sibi spolia Augustae civitatis in contrarietatem sanctae Die genitricis Mariae vendicaverunt, inpunitus evasit, nisi qui se suis propriis rebus cum indulgentia reverendi episcopi redimere non distulerunt.*

„Für den Fall aber, daß sie den Frieden abschlügen und nicht umkehren wollten, lies er durch die gleichen Boten seinen Diözesanen bei Strafe des Kirchenbannes verkünden, sie sollten sich ja nicht erfrechen, Güter der heiligen Maria, die in seinem Bistum lagen, auch nur im mindesten anzutasten."[311]

Auch wenn er später den Plünderern Augsburgs die Möglichkeit gibt, sein Verzeihen zu erkaufen, handelt er keineswegs eigennützig. Sein Biograph verweist damit auf die Tugenden des Bischofs, der, dem Gebot der Nächstenliebe und der Verantwortung für die Herde entsprechend, selbst seinen Feinden vergeben kann. Ulrich erscheint als Repräsentant göttlicher Gnade. Er billigt jenen, die Reue zeigen, Bußleistungen zu, die es ihnen ermöglichen, in die Gemeinschaft zurückzukehren. Damit bewahrt er sie vor weitaus härteren Strafen, insbesondere auch vor Strafwundern, von denen Gerhard an dieser Stelle einige aufführt. Es ist letztlich nicht klar, ob diese Strafwunder auch mit konkreten, vielleicht gar peinlichen Strafen durch den Bischof einhergingen. Deutlich wird jedoch, dass Ulrich im Einklang mit Gott handelt und zur Personifikation und zum Mittler seiner Gnade stilisiert wird.

Umso klarer tritt die handfeste Dimension des Kampfes gegen äußere Bedrohungen in der Bernwardsvita hervor. Zumal es sich in diesem Fall tatsächlich um reichsfremde und wahrscheinlich überwiegend auch noch nicht christianisierte Eindringlinge handelt. Gleich zu Beginn beschreibt der Autor, wie sich der Bischof durch die Vertreibung von „wilden Seeräubern und Barbaren"[312] hervortat. „Indem er bald gemeinsam mit anderen, bald allein mit seinen Leuten über sie herfiel, setzte er ihnen hart zu."[313] Um weiteren Über-

---

311 Ebd.: *sin autem pace contradicta redire noluissent, praecepit eisdem legatis, suos parrochianus panno christianitatis costringere, ne loca sanctae Mariae in suo episcopatu sita ullo modo invadere praesumerent.*

312 Vita Bernwardi, c. 7 (FSGA 22, S. 282/283): *pyratarum caeterorumque barbarorum;* Übers. Kallfelz, ebd.

313 Vita Bernwardi, c. 7 (FSGA 22, S. 282-/285): *Saxonia quippe magna ex parte pyratarum caeterorumque barbarorum feritate depopulata, continuis latrocinantium incursionibus sine intermissione patebat. Quam pestem rei publicae depellere magno sui suorumque periculo semper instabat, et nunc cum aliis, interdum quoque cum suis solus super eos irruens, fortiter illos attriverat.* Übers. Kallfelz, ebd.

griffen vorzubeugen, lässt er schließlich eine Burg errichten und besetzen. „So befreite er das Gottesvolk aus der Gewalt der Feinde."[314]

Es stand also grundsätzlich in der Macht der Bischöfe, mit körperlicher Gewalt gegen Menschen vorzugehen und insofern auch über Leben und Tod zu entscheiden. Diese Dimension ihrer Herrschaft ließ den Zwiespalt zwischen den geistlichen Idealen und der weltlichen Herrschaftspraxis und das Problem der Legitimation ihrer weltlichen Sanktionstätigkeit besonders deutlich hervortreten. Sie provozierte schon bei den Zeitgenossen die Frage, „wieso ein Bischof Politik trieb und sich mit dem gefährlichen Kriegshandwerk befaßte, obwohl er doch nur die Sorge für die Seelen übernommen hatte"[315]. Die Autoren der Viten standen daher vor der Herausforderung zu zeigen, dass es sehr wohl möglich sei, die seelsorgerischen und geistlichen Elemente des Bischofsamtes mit den durch die Reichskirchenpolitik eingeforderten politischen und kriegerischen Aufgaben zu vereinen.

Ruotgers Antwort auf diesen Zwiespalt gilt als exemplarisch und verschaffte der Vita Brunonis den Ruf einer Apologie und Kampfschrift für das ottonische Verständnis der Reichskirche. Sie bestätigt zugleich die Tendenz, die sich bereits in den anderen Kategorien abzeichnet. „Brun tat es um der Friedenswahrung willen, und außerdem hat es das schon früher gegeben."[316] Er „suchte [...] mit ganz besonderem Eifer – gleichsam als den Nährboden und die Vollendung aller anderen Tugenden – das Gut des Friedens"[317]. Nur jene, „die die göttliche Weltordnung nicht begreifen"[318], könnten solche Einwände machen. Explizit wird also Bezug auf die göttliche Weltordnung genommen, um selbst gewaltsame Sanktionen und politisch motivierte Heerzüge des Bischofs zu rechtfertigen und den Zwiespalt zwischen geistlichem

---

[314] Vita Bernwardi, c. 7 (FSGA 22, S. 284/285): *populumque Dei ab hostili feritate liberavit.* Übers. Kallfelz, ebd.

[315] Vita Brunonis, c. 23 (FSGA 22, S. 212/213): *Causantur forte aliqui divinę dispensationis ignari, quare episcopus rem populi et pericula belli tractaverit, cum animarum tantummodo curam susceperit.* Übers. Kallfelz, ebd.

[316] Fichtenau: Lebensordnungen I, S. 281; vgl. ebd.

[317] Vita Brunonis, c. 2 (FSGA 22, S. 182-/185): *Nam cum omne, quod bonum esset, vivacissime semper appeteret, pacis donum quasi nutrimentum et ornamentum quoddam cęterarum virtutum sollicitius expetivit, quod bonis omnibus profuturum prescivit.* Übers. Kallfelz, ebd.

[318] Vgl. Vita Brunonis, c. 23 (FSGA 22, S. 212/213).

Anspruch und weltlicher Praxis zu überwinden. Dieser Interpretation nach ist es die Aufgabe des Bischofs, mit allen ihm zur Verfügung stehenden Mitteln für Frieden und Ordnung in der Gemeinschaft zu sorgen, die als notwendige Bedingungen für die Ausbreitung und Festigung „aller anderen Tugenden", also der christlich-kirchlichen Normen als Voraussetzung zur Erlangung des Seelenheils, angesehen werden. Es ist demgemäß eine seelsorgerische Pflicht des Bischofs nach Kräften gegen Bedrohungen der Ordnung vorzugehen. Eine Interpretation, die letztlich auf die gesamte bischöfliche Ahndungstätigkeit ausgedehnt werden konnte. Auf diese Weise durch Notwendigkeit gezwungen „führte er die Gutwilligen zu dem, was Gottes ist, die anderen zog er."[319]

Die Grundlinie dieser Argumentation findet sich in allen Viten. Die Autoren vernachlässigen dennoch die weltlich-kriegerischen zugunsten der geistlich-geistigen Aspekte. Die vermittelnden und friedensstiftenden Elemente werden betont. Allerdings machen sie in allgemeiner Form deutlich, dass die Bischöfe durchaus hart durchzugreifen wussten. Auch Ruotger erklärt gleich zu Beginn der Vita, dass die Tugendfortschritte und Verdienste Bruns nicht allen gut bekamen. Sie gereichten „den einen zum Leben, den anderen zum Tod."[320] Dass dies durchaus wörtlich zu verstehen ist, lässt sich nicht nur daraus schließen, dass Ruotger Brun in der Schlacht gesehen haben will, um, wie er mit Verweis auf die Bibel anfügt, „für das Gute zu sorgen nicht nur vor Gott, sondern auch vor den Menschen"[321]; es lässt sich auch aus einer Bemerkung ableiten, die eigentlich Bruns Klugheit und richterliche Besonnenheit herausstellen soll. „Vorerst [...] prüfte er die Herzen der Aufrührer, ob sie nicht [...] durch [...] Belehrung geheilt werden könnten; die Anwen-

[319] Vita Brunonis, c. 23 (FSGA, S. 214/215): *Hac igitur mirificia occupatione detentus pervigil summi patrisfamilias operator et summus presul lucernam ardentem, boni videlicet operis exemplar, in manibus ferens, ad ea, quę Dei sunt, alios volentes duxit, alios nolentes traxit.* Übers. Kallfelz, ebd.

[320] Vita Brunonis, c. 14 (FSGA 22, S. 198/199): *Hoc nimirum aliis ad vitam, aliis ad mortem erat.* Übers. Kallfelz, ebd.

[321] Vita Brunonis, c. 37 (FSGA 22, S. 236/237): *providentes bona non tantum coram Deo, sed etiam coram hominibus.* Übers. Kallfelz, ebd.; vgl. Röm 12,17.

dung des Brenneisens, als letzten Heilmittels, stellte er zurück"[322]. Brun wusste also durchaus um solche „letzten Heilmittel" und ihre Zurückstellung wird ihre Anwendung nicht in jedem Fall verhindert haben. Die Bezeichnung des Brenneisens als „Heilmittel" lässt die dahinterstehende Vorstellung klar hervortreten: Wenn der Bischof straft, so tut er es, um den Sünder von seiner Sünde zu heilen und ihn so in die von Gott vorgesehene Ordnung zurückzuführen. Damit rettet er seine Seele im Hinblick auf den unausweichlichen und endgültigen Richterspruch Gottes. Ohne eine angemessene Buße würde sie unweigerlich „dem ewigen Tod der Seele"323 verfallen. Die weltliche Sanktion, interpretiert als religiöse Buße, ermöglicht hingegen das Heil des ewigen Lebens bei Gott. In diesem transzendenten Sinne ist sie Heilmittel. Strafe und Buße bilden so als heilsame *correctio* eine Einheit und sind Teil der seelsorgerischen Pflichten des Bischofs.

Die Verantwortung für das Wohlergehen der Herde schließt also den bewaffneten Kampf als Sanktion gegenüber äußeren Feinden ein. Der Schutz des Gottesvolkes legitimiert auch ein gewaltsames Vorgehen gegen Bedrohungen, das der Darstellung nach allerdings letztes Mittel sein soll. Solche Maßnahmen werden nur dann genauer berichtet, wenn sie als Leistung für die Kirche und das Bistum selbst und somit als Zeichen der Tugendhaftigkeit des Bischofs angesehen werden können. Details über gewalttätige Auseinandersetzungen im Zuge des Reichsdienstes werden nicht erwähnt.

Ein bemerkenswert anderes Bild liefert die jüngere Vita Meinwerks. Schon bei oberflächlicher Betrachtung fällt ein veränderter Umgang mit Gewaltdarstellungen auf. Der Autor schreckt nicht mehr davor zurück, grausame peinliche Strafen, selbst wenn sie nicht im direkten Umfeld Meinwerks stattfanden, zu schildern. So wenn er über Geschehnisse in Rom berichtet:

---

[322] Vita Brunonis, c. 17 (FSGA 22, S. 200-/203): *Prius tamen dura temptavit cord rebellium, si quomodo ullis salutifere suasionis eius et doctrinę possent curari fomentis, ultimam cauterii differens medicinam, donec pia sollicitudine diligentius experiretur, quid sibi hęc infrenis audatia polliceretur.* Übers. Kallfelz, ebd.

[323] Vita Meinwerci, c. 132 (MGH SRG 59, S. 67): *eternam mortem anime incurrit*; Übers. Terstesse, S. 100.

„Daher kam der Herrscher wiederum nach Rom und setzte im Jahr darauf (998) den vorgenannten Eindringling Johannes ab, dem man die Augen blind gemacht und die Nase abgeschnitten hatte. Den mit zwölf Anhängern geköpften Crescentius ließ er vor der Stadt aufhängen. Bruno, der sich auch Gregor nannte, wurde von ihm wieder eingesetzt. Doch nach Ottos Wegzug wurde Gregor (erneut) von den Römern vertrieben und nachher mit Gift aus dem Wege geräumt."[324]

Nachdem die älteren Viten nahezu keine Gewalt offen beschrieben, wird hier schon zu Beginn dieser Vita des 12. Jahrhunderts ein verändertes Verhältnis zur Darstellung von Gewalt deutlich. Über die Beteiligung Meinwerks z.B. am Feldzug gegen die Lützelburger oder gegen den Polen Boleslav[325] berichtet die Vita hingegen, abgesehen von der bloßen Erwähnung, nichts. Die Teilnahme am Reichsdienst erscheint hier als Pflicht, die der Bischof vorbildlich erfüllt. Sie ist für den Autor vor allem insofern von Bedeutung, als Meinwerk im Gegenzug vom König Güter und Rechte für sein Bistum erlangt, nicht aber als Maßnahme zum Schutz der Herde im Sinne des Hirtenschemas.

Während die älteren Viten den Schutz der rechtgläubigen Gemeinde in den Vordergrund stellen, das Motiv für die Sanktionen gegen die äußeren Bedrohungen also die gerechtfertigte Vergeltung dieser Bedrohung ist, erfüllt Meinwerk eine Pflicht gegenüber dem Reich. Beides wird allerdings legitimiert, indem die Taten des Bischofs der Gemeinschaft zum Nutzen gereichen. In den älteren Viten durch den Schutz der Gemeinschaft, in der jüngeren durch den materiellen Nutzen für das Bistum.

324 Vita Meinwerci, c. 7 (MGH SRG 59, S. 12): *Unde iterum imperator Romam veniens proximo anno predictum Iohannem invasorem cecatum et nasu truncatum deposuit et Crescentium cum XII suis decollatum ante Urbem suspendi iussit. Bruno autem, qui et Gregorius, ab eo restituitur; sed post discessum eius a Romanis expulsus ac deinde veneno peremptus*; Übers. Terstesse, S. 27-28.

325 Vgl. Bannasch: Bistum Paderborn, S. 161.

3.4.2. Friedens- und Ordnungssicherung im Innern

Die Viten verschweigen die grundsätzliche Möglichkeit des Bischofs, seinem Willen durch gewaltsame Sanktionen Ausdruck zu verleihen, nicht. Während der Schutz des Bistums nach außen hin den Gebrauch von Waffengewalt hinreichend zu rechtfertigen scheint, ist Gewaltausübung innerhalb der Gemeinschaft schwerer zu vermitteln. Dementsprechend betonen besonders die älteren Viten die Gewaltlosigkeit des Bischofs gegenüber seiner Herde. Dennoch machen einige Passagen klar, dass auch innerhalb der Gemeinschaft durchaus die Möglichkeit zu gewaltsamen Sanktionen gegenüber Unruhestiftern bestand. Bemerkenswerterweise gilt dies gleichsam für Laien wie für Kirchenangehörige.

So war Brun ein Anhänger der Gorzer Klosterreform und setzte diese schon in jungen Jahren bei den ihm anvertrauten Klöstern auch gegen Widerstände durch. Ruotger berichtet, dass es dabei nicht immer sanft zuging, denn „[d]eren Insassen […] veranlaßte er teils im Guten, teils mit Gewalt, nach der Ordensregel zu leben."[326] Auch später sollten Verstöße „durch wahre und geistige Beschneidung, die der Anfang der Weisheit ist, mit peinlicher Sorgfalt beseitigt werden"[327].

Konkret nennt Ruotger aber nur zwei Sanktionen. Zum einen die Umsiedlung einiger Kanoniker und Nonnen, wahrscheinlich im Zuge der Reformbestrebungen, und zum anderen die Verbannung einiger Räuber. Beide Maßnahmen bestehen also in der Entfernung bestimmter Personen aus ihrem bis-

---

[326] Vita Brunonis, c. 10 (FSGA 22, S. 192/193): *Prima dispensatio credita est illi adhuc adolescenti in quibusdam monasteriis […], in quibus degentes cum idoneo ecclesiae testimonio partim voluntate, partim vi ad regularem vitam constrinxit, sciens quod et invitis bona prestantur.* Übers. Kallfelz, ebd.

[327] Vita Brunonis, c. 21 (FSGA 22, S. 210/211): *De religione primo et cultu Dei, quod Greci theosebian dicunt, secundum datam sibi sapientiam canonicam et apostolicam auctoritatem secutus instituit, ut multitudinis, quę in diversis congregationibus ad eius honorabilem sedem pertinentibus erat, unum cor esset et anima una, ut vestium superfluitas, morum inequalitas et quicquid hoc modo effeminatum et indecens in eius ecclesia videretur, vera et spirituali circumcisione, quod est inicium sapientię;* Übers. Kallfelz, ebd.

herigen Umfeld. Bemerkenswert ist, dass selbst die Verbrecher nicht körperlich gezüchtigt, sondern „lediglich" verbannt werden.

Die Ereignisse um die Transferierung der Kanoniker an die Kirche des heiligen Apostels Andreas sind nur schemenhaft dargestellt. Ähnliches ist wohl den Nonnen des Klosters der heiligen Maria (St. Maria im Kapitol zu Köln) und anderen widerfahren. Ruotger spielt auf weitere Vorkommnisse dieser Art an.[328] Unzweifelhaft waren diese Vorkommnisse den Zeitgenossen so geläufig, dass sie nicht ausgelassen werden konnten. Sie waren auch nicht unumstritten, denn Ruotger sieht sich genötigt, seinen Bischof gegen „nicht geringe Bedenken [...] bei solchen, deren geistige Sehkraft nicht ausreicht, um die Reinheit seiner Absichten in seinen verschiedenen Werken deutlich zu erkennen"[329], zu rechtfertigen. Dafür argumentiert er mit der Bibel.

> „Wenn diese Leute nur soviel begriffen, [...] daß Gehorsam Gott mehr gefällt als Opfergaben, dann müßten sie eigentlich wissen, daß die Schafe auf die Stimme ihres Hirten hören sollen, und daß bei Gott mehr zählt, was sie aus Gehorsam, als was sie aus freiem Antrieb tun."[330]

Der Gehorsam wird also nicht aufgrund der weltlichen Hierarchie, sondern als Notwendigkeit für das Seelenheil eingefordert. Sogleich fährt Ruotger mit dem Apostel Jakobus fort: „Doch wo Eifersucht und Streit herrschen [...] da ist Unbeständigkeit und jedes böse Werk."[331] Es ist wahrscheinlich, dass sich die Kanoniker und Nonnen den Reformbestrebungen Bruns, die ihren Lebensstandard empfindlich berührten, derart widersetzten, dass Unruhe und Streit ausbrachen und eine Transferierung daher sinnvoll erschien, um einerseits ihren Widerstand zu brechen und andererseits den Frieden wiederher-

---

[328] Vgl. Vita Brunonis, c. 34 (FSGA 22, S. 228/229).

[329] Vita Brunonis, c. 34 (FSGA 22, S. 228/229): *scrupulum quidem reliquit non modicum, sed his, quibus mentis acies ita non viget, ut sinceram eius intentionem in diversis operibus valeant perspicaciter intueri.* Übers. Kallfelz, ebd.

[330] Ebd.: *Qui utique si adverterent, non homines propter locum, sed locum a Deo eligi propter hominess, et quia oboedientia Deo placet super sacrificium, scirent fortasse oves vocem pastoris audire debere et magis id ratum acceptumque Deo fore, quod per oboedientiam quam quod per propriam voluntatem secuntur.* Vgl. 1. Sam 15,22.

[331] Vita Brunonis, c. 34 (FSGA 22, S. 228-/231): *Ubi autem zelus et contentio [...] ibi inconstantia et omne opus pravum*; Übers. Kallfelz, ebd.; vgl. Jak 2,16.

zustellen. Die Annahme, dass die Wiederherstellung des inneren Friedens und damit der gottgewollten Ordnung der Grund für das Einschreiten des Bischofs war, stützt Ruotger, indem er sogleich die zweite Strafdarstellung folgen lässt. „Ähnlicherweise hat er einige Bösewichter, die sich in ihrem Volk und Vaterland als Räuber aufführten, als eine gemeine Plage aller Guten aus dem Land, in dem sie nicht ruhig und friedlich leben wollten, vertrieben."[332]

Die Bernwardsvita enthält eine Episode, die der Autor ausdrücklich als Beispiel der Tugend des Bischofs einfügt. Sie beschreibt die idealtypische Reaktion des Bischofs auf das ungehörige Verhalten der Gandersheimer Schwestern im Zuge des Gandersheimer Streits. Die Darstellung verdeutlicht eindrücklich, wie das Verhältnis zwischen dem Ideal christlicher Demut und der Verantwortung für die Gemeinschaft mit ihren praktischen, verwaltungsmäßigen Notwendigkeiten vom Autor verstanden gewusst werden will.

> „Bernward redete ihnen eindringlich zu, sie möchten doch das Opfer des Gehorsams, das Gott lieber sei als alle andern Opfer, in Demut auf dem Altar ihres Herzens darbringen ; er für seine Person könne alles in Geduld ertragen, sie sollten sich aber wohl in acht nehmen, in seiner Person Christus zu beleidigen, an dessen Statt er walte ; was sie ihm persönlich antäten, wolle er als verdiente Strafe hinnehmen ; daß aber Ehrfurcht, Liebe und Gehorsam, so wie sie seinen Vorgängern von ihren Vorgängerinnen erwiesen worden waren, durch seine Schuld außer acht gelassen würden, könne er nicht zugeben."[333]

Mehrerlei wird hier zum Ausdruck gebracht. Bernward selbst, als einfacher Mensch, erklärt sich, in sicherlich bewusstem Kontrast zu den Schwestern, demütig bereit, jede persönliche Verletzung als verdiente Strafe zu ertragen.

---

332 Vita Brunonis, c. 34 (FSGA 22, S. 230/231): *Similiter in eo, quod nefarios quosdam patrię civiumque predones de regno, ubi quieti et pacifici esse noluerunt, quasi pestem bonorum expulit et exulari coegit, ipsis licet nescientibus profecto consuluit.* Übers. Kallfelz, ebd.

333 Vita Bernwardi, c. 15 (FSGA 22, S. 300/301): *oboedientiam, qua nulla victima Deo gratior est, cum humilitate in ara cordis persuadet immolari, patienter se omnia posse sufferre, paveant tamen Christum, cuius vice fungitur, in se offendere, quicquid ingerant pro meritis sibi suppetere, oboedientiam tamen caritatem et reverentiam suis antecessoribus ab illarum maioribus exhibitam, non ausum sua levitate negligere.* Übers. Kallfelz, ebd.

Als Vorbild christlicher Lebensführung nimmt er damit eine idealtypische Haltung gegenüber seiner Lebenswelt ein, deren Gegebenheiten ganz der Allmacht Gottes unterworfen und seiner Gerechtigkeit verpflichtet sind. Persönliche Unbill liegt aus dieser Sicht in der gottgewollten Ordnung begründet und ist deshalb als gerechtfertigt hinzunehmen. Wo der Bischof aber selbst als Repräsentant dieser Ordnung auftritt, da ist seinen Weisungen – im Hinblick auf das göttliche Gericht und daher im Interesse des eigenen Seelenheils – bedingungslos zu folgen. Der Autor unterstreicht, wie bereits Ruotger bei Brun und Gerhard bei Ulrich, die demütige und um Vermittlung bemühte Grundhaltung des Bischofs, aus der heraus er nicht um seinetwillen, sondern eben um der Schwestern Willen den Gehorsam einfordert. Er macht aber zugleich klar, dass Bernwards Amt als Bischof es nicht zulässt, nachlässig gegen sie zu sein. Der Bischof als Mensch zählt nicht. Wenn er straft, so wird dies durch sein Amt und seine Funktion als Stellvertreter Gottes und seiner Kirche gerechtfertigt, die es ihm zur Pflicht macht, Verstöße gegen die göttliche Weltordnung zu ahnden, wie auch Gottes Vergeltung unausweichlich ist.

Der Kontext dieser Episode zeigt, dass materielle Interessen der Kirche und geistliche Ziele dabei kaum voneinander zu unterscheiden sind. Die Aufsichtspflicht beschränkt sich keineswegs auf Tugendhaftigkeit und Lebenswandel, sondern greift auch und besonders dort, wo es um geldwerte Leistungen geht. Hier wird deutlich, wie handfeste Verwaltungstätigkeit in hagiographischer Darstellung interpretiert werden konnte. Die Schwestern hatten „die Abgaben, die für die Zehnten zu entrichten waren, herabgesetzt, ja vielfach in betrügerischer Weise ganz verweigert."[334] Eben diese Abgaben meint der Autor, wenn er von Ehrfurcht, Liebe und Gehorsam spricht, die sie dem Bischof schuldeten. Sie sollten weiterhin in derselben Höhe verrichtet werden wie zu Zeiten der Vorgänger. Die Abgaben können also als weltliches Mittel zur Finanzierung des Bistums (und somit über den Reichsdienst auch des Reiches), gleichzeitig aber auch als religiöses Opfer und Zeichen der Lie-

[334] Vita Bernwardi, c. 15 (FSGA 22, S. 300/301): *et pro his beneficiis iniuriam et contumeliam sibi reconpensari, tributa quae pro decimis solvenda essent imminuta, saepe quoque fraude negata;* Übers. Kallfelz, ebd.

be und Ehrfurcht vor Gott und seinen Stellvertretern auf Erden verstanden werden. Kirchlich-religiöse Normen rechtfertigen und forcieren hier die weltliche Herrschaftspraxis. Ihr transzendenter Charakter macht sie als Argument schwer anfechtbar.

In den älteren Viten gereicht dennoch gerade der Verzicht auf Gewalt dem Bischof zur Tugend. Allein die Tatsache, dass ein solcher Verzicht erwähnenswert erscheint, spricht allerdings dafür, dass die verbreitete Praxis anders aussah. Beispiel hierfür liefert erneut die Bernwardsvita im Zusammenhang mit den Gandersheimer Wirren. Gegen den Willen der alten Äbtissin soll der Mainzer Erzbischof die neue Gandersheimer Kirche weihen. Als Bernward zu einem früheren Termin anreist, wird er nicht standesgemäß empfangen und kann die Weihe seinerseits nicht durchführen. „[D]aher erließ er kraft kanonischen Rechts das Verbot, daß ein anderer ohne sein Einverständnis diese Kirche, die ihm zustehe, einweihe."[335] Die Nonnen reagierten mit „unglaublichen Äußerungen des Zornes"[336] und „wilde[n] Schmähworte[n]"[337]. Doch der zu Tränen erschütterte Bischof greift nicht hart durch und der Autor selbst erklärt hier deutlich die Absicht seiner Darstellung.

> „Wer hätte gedacht, daß er bei seiner hohen, bischöflichen Würde, bei seinem Adel und bei seinem Reichtum an Dienern gegen die Schmach, die man ihm antat, lieber den Schild der Geduld ergreifen wollte, als den Schild der Gewalt? [...] Das wollte ich als Beispiel großer Demut – den Lesern zur Nachahmung empfohlen – hier einfügen."[338]

---

[335] Vita Bernwardi, c. 17 (FSGA 22, S. 302/303): *unde consecrationem aecclesiae, quae ad se pertineat, omnibus sine suo consensu canonica auctoritate interdicit.* Übers. Kallfelz, ebd.; es ist fraglich ob dieses Verbot als strafende Sanktion zu verstehen ist, handelt es sich doch einerseits um einen Akt der Notwehr gegen die Anmaßungen aus Mainz, andererseits aber auch um eine direkte Reaktion auf die abweisende Haltung der Schwestern bei seiner Ankunft. Obwohl das Verbot allgemein gehalten ist, sind doch die Adressaten klar: Erzbischof Williges und jene Gandersheimer Schwestern um Sophie.

[336] Vita Bernwardi, c. 17 (FSGA 22, S. 302-/305): *Verum cum ad oblationem ventum est, oblatas indignatione et incredibili furore proiciunt, saeva maledicta episcopo ingerunt.* Übers. Kallfelz, ebd.

[337] Ebd.

[338] Vita Bernwardi, c. 17 (FSGA 22, S. 304/305): *Quis eum crederet in tanto pontificalis dignitatis honore, generis nobilitate, ministrorum multitudine, contra irrogatas sibi contumelias pa-*

Es lässt sich also schließen, dass Bernward, ebenso wie Brun, Ulrich und Meinwerk, über die nötigen Mittel und Bediensteten verfügte, um sich gewaltsam Recht zu verschaffen. Die rhetorische Frage des Autors zeigt an, dass ein solches Verhalten den Zeitgenossen sogar nahe lag, da er Bernwards Zurückhaltung als Zeichen seiner herausragenden Demut und gutes Beispiel für die Leserschaft betonen kann.

Die Bischöfe der drei älteren Viten strafen letztlich nur dann persönlich, wenn der innere Frieden der Gemeinschaft durch Ordnungsbrüche gefährdet wird. Es sind Maßnahmen im Sinne der *correctio*, welche die Gemeindeglieder, im Hinblick auf ihr Seelenheil, zu einer besseren Lebensführung bringen sollen. Sie lassen stets den Weg zur Umkehr durch religiöse Buße offen. So heißt es über die verbannten Räuber:

> „Glücklich, wenn sie ihr Heil wenigstens in der Fremde erkannt und Sehnsucht bekommen haben nach einer Heimat, aus der sie nicht vertrieben werden könnten, jener Heimat, wo selig alle Friedfertigen sind, weil sie Kinder Gottes genannt werden."[339]

3.4.3. Körperliche Strafen als „weltliche" Disziplinierung

Während die älteren Viten innerhalb der Gemeinschaft keine konkreten körperlichen Sanktionen nennen und nur allgemeine Andeutungen machen, bietet die jüngere Meinwerksvita gleich eine ganze Reihe solcher Darstellungen. Obwohl auch diese letztlich als Beispiele der vorbildlich wahrgenommenen Aufsichtspflicht des Hirten über seine Herde angeführt werden, haben sie doch im Vergleich zu den älteren Viten einen ganz eigenen Charakter. Nicht zuletzt, weil nun auch körperliche Züchtigung ganz selbstverständlich zum Repertoire bischöflicher Sanktionen gehören. Sie können sogar Bedienstete

---

tientiae potius quam potentiae maluisse clipeo muniri? [...] Haec pro commendando magnae humilitatis exemplo ad imitationem audientium inserere libuit; Übers. Kallfelz, ebd.

339 Vita Brunonis, c. 34 (FSGA 22, S. 230/231): *felices, si bona sua saltim in peregrinatione cognoverint et patriam cupierint, de qua expelli non possent, ubi beati omnes pacifici, quoniam filii Dei sunt vocati.* Übers. Kallfelz, ebd.

des Königs treffen.[340] Das Motiv dieser Strafen bleibt zwar die *correctio*, doch in ihrer pragmatischen, von körperlicher Härte geprägten Umsetzung erscheinen sie geradezu als Disziplinierungsmaßnahmen von beinahe willkürlichem Charakter. Dem Autor sind sie jedoch „Anzeichen seiner Demut und Güte"[341]. Dabei geben nicht die Seelsorge, sondern ganz praktische Belange den Ausschlag. So lässt Meinwerk während einer Inspektionsreise durch das Bistum die Pferde über das zu dreschende Getreide treiben.

> „Er meinte, die Knechte würden, wenn sie treu wären, die Pferde abhalten, wenn nicht, würden sie, gleichsam jubelnd über den Schaden des Verwalters, die Tiere gewähren lassen. Als die Knechte gleichwie zur Bedienung des Bischofs auseinanderliefen, begannen die Pferde das Getreide [...] zu fressen und zu zertreten. Daher wurden die Knechte sehr des Vergehens der Untreue und Nachlässigkeit beschuldigt und auf des Bischofs Geheiß äußerst heftig mit Ruten gepeitscht."[342]

Die verwalterische Aufgabe rechtfertigt also auch harte Strafen, die vom Bischof selbst provoziert werden. Noch härter geht er gegen eine Meiersfrau vor, die ihren Garten vernachlässigte. Er war von Brennnesseln, Senfkohl und anderen Unkräutern bedeckt. „Sofort ließ er der Meiersfrau ihre eitlen Kleider ausziehen und gab Weisung, sie so lange durch den ganzen Garten zu schleifen, bis das hochgeschossene Unkraut dem Erdboden gleichgemacht sei."[343]

---

[340] Vita Meinwerci, c. 186 (MGH SRG 59, S. 107): *Cuius ero vindex, en promittit meus index. Namque sibi factum non pertransibit inultum'. Ilico canonicis in capitolium principalis ecclesię convocatis capellanum imperatoris huius rei conscium durissime verberibus castigari iussit castigatumque novis vestibus indutum ad imperatorem nuntiaturum, que facta fuerant, remisit.* Übers. Terstesse, S. 151.

[341] Vita Meinwerci, c. 146 (MGH SRG 59, S. 77-78): *humilitatis pietatisque eius insignia*; Übers. Terstesse, S. 112.

[342] Vita Meinwerci, c. 147 (MGH SRG 59, S. 78): *dicens servos, si fideles essent, eos repellere, si non, quasi defectui villici congratulantes eos sinere. Servis autem quasi ad obsequium episcopi discurrentibus equi frumentum tribulandum consumere et conculcare ceperunt. Unde servi infidelitatis et incuriositatis vicio multum incusati iussu eius gravissime virgis sunt flagellati.* Übers. Terstesse, S. 113.

[343] Vita Meinwerci, c. 148 (MGH SRG 59, S. 78): *mox uxorem villici ambitiosis suis vestibus spoliari precipiens, donec germen noxium, quod in altum excreverat, terre coequaretur, per totum hortum eam trahi mandavit.* Übers. Terstesse, S. 113.

Die Sanktionen zielen hier nicht auf die Heilung der Seele und eine Verbesserung der Beziehung zu Gott ab. Immerhin zollten die Knechte mit ihrem Handeln ja dem Bischof Respekt. Es geht dabei letztlich um eine gesellschaftliche Disziplinierungsmaßnahme zur Verbesserung der funktionalen Abläufe im Bistum. Belange der weltlichen Herrschaftsordnung werden unreflektiert mit der göttlichen Weltordnung gleichgesetzt. Auch bei dieser Straftätigkeit wird der Bischof allerdings nicht ohne Milde dargestellt. Die Knechte kräftigt er „sehr reichlich durch Mengen von Speisen und ermahnte sie väterlich im Hinblick auf die Treue, die sie seinem Meier zu erweisen hätten."[344] Und „[d]ie niedergeschlagene Frau tröstete er mit gewohnten Artigkeiten und heiterte sie mit üblicher Leutseligkeit auf."[345] Die Episoden enden jeweils mit dem Erfolg der Disziplinierung. So findet er „im folgenden Jahr den ganzen Garten mit aller Sorgfalt über die Maßen gepflegt"[346] vor.

Solche körperlichen Züchtigungen werden dem Bischof keineswegs angelastet, sondern stellen sein erfolgreiches Engagement für das ordnungsgemäße Funktionieren der bischöflichen Güter dar. Sie stehen im Kontext der Fürsorge des Bischofs für die Landbevölkerung und die Armen, ebenso wie für die Mönche seines Klosters.[347] So bestraft er auch einen Verwalter, der für die Armen bestimmtes Korn unterschlagen hatte, indem er festsetzt, dass „keiner seiner Nachfolger [...] eine Belohnung der Amtsvorgänger nach der vierten Generation gewähren [solle]."[348]

Diese Form der *correctio* zielt primär auf eine Verbesserung der weltlichen Verwaltung und der ökonomischen Verhältnisse. Ihre Darstellung soll die Sorge des Bischofs für sein Bistum als Tugend verdeutlichen. Dabei geht es nun allerdings weniger um eine im religiösen Sinne heilsame Zurechtweisung, als um eine gesellschaftliche Disziplinierung. Nicht in den Augen Got-

---

344 Vita Meinwerci, c. 147 (MGH SRG 59, S. 78): *Quos postmodum ciborum copiis habundantissime reficiens de servanda villico suo fidelitate paterne ammonuit*; Übers. Terstesse, S. 113.

345 Vita Meinwerci, c. 148 (MGH SRG 59, S. 78): *Quam tristem consuetis blanditiis consolans solita liberalitate exhilaravit*; Übers. Terstesse, S. 113.

346 Ebd.: *sequentique anno omni diligentia et habundantia totum ortum excultum inveniens [...]*.

347 Vgl. Vita Meinwerci, c. 150-153 (MGH SRG 59, S. 79-81).

348 Vita Meinwerci, c. 151 (MGH SRG 59, S. 80): *quia nemo successorum suorum honorem predecessorum post quartam generationem habiturus esset, predixit.* Übers. Terstesse, S. 115.

tes, sondern in denen seines weltlichen Stellvertreters, des Bischofs, war eine Strafe nötig.

Dass diese beiden Maßstäbe auch aus Sicht des Autors nicht immer gleichzusetzen sind, zeigt die Schilderung der Begegnung Meinwerks mit dem Volksheiligen Heimerad. Hier tritt die ungleich höhere Bedeutung, die dem Äußeren, Materiellen und Formellen im Vergleich zu den älteren Viten zugeschrieben wird, deutlich zu Tage. Während Brun noch im Schafspelz zwischen den Purpurgewandeten sitzt[349], scheint Meinwerk das Asketentum völlig fremd, ja sogar strafenswert zu sein. Als er auf Heimerad trifft, ist er entsetzt.

> „Als der Bischof den durch fahles Gesicht, mageren, schlanken Körper und wertlose Kleidung Entstellten erblickte, fragte er, woher jener Teufel aufgetaucht wäre. Nachdem Heimerad demütig und geduldig erklärt hatte, er sei nicht der Satan, wollte der Bischof wissen, ob er denn ein Priester sei. [...] Sobald Meinwerk erkannte, dass Heimerad an dem Tage die göttlichen Geheimnisse (Messe) gefeiert hatte, gab er sogleich Befehl, ihm die Bücher nach denen Heimerad gesungen hatte, herbeizubringen. Kaum waren ihm die schmucklosen, vernachlässigten Bände, die keine Bedeutung und Wert hatten, zu Gesicht gekommen, ließ er sie im selben Augenblick ins Feuer werfen und verfügte auf Geheiß der Königin, Heimerad auszupeitschen – gemäß dem gerechten Zorn des, wie es schien, mitempfindenden Bischofs."[350]

Von Meinwerk weiter bedrängt, beweist Heimerad schließlich unwillig seine Erwähltheit durch einen göttlich inspirierten Messgesang. Daraufhin ver-

---

[349] Vgl. Vita Brunonis, c. 30 (FSGA 22, S. 222-225).

[350] Vita Meinwerci, c. 12 (MGH SRG 59, S. 21): *eumque lurida facie et proceri corporis macie ac vestium vilitate deformem episcopus ut vidit, unde ille diabolus emergeret, inquisivit. Ille autem cum se diabolum non esse humiliter et patienter dixisset, quesivit episcopus, an presbyter esset. Ubi autem eo die divina misteria eum celebrasse cognovit, protinus sibi libros, in quibus cantaverat, deferri mandavit. Quos incomptos et neglectos et nullius ponderis aut precii aspiciens, eodem momento in ignem proici fecit, eumque iussu reginę, episcopi iusto zelo ut videbatur compatientis, verberibus cedi precepit.* Übers. Terstesse, S. 37. Dies ist im Übrigen die einzige Stelle in den untersuchten Viten, die einem der Bischöfe „gerechten Zorn" zuschreibt. Die Vita Ulrichs (c. 9) zählt Zorn explizit zu den Todsünden. So etwas wie einen „gerechten" oder „heiligen" Zorn, der Meinwerk dazu brachte Heimerad die Peitsche fühlen zu lassen, konnte es dementsprechend nicht geben. Und es zeigt sich, dass auch Meinwerks Zorn sich als völlig unangebracht erweist.

söhnt sich der Bischof demütig mit ihm. Selbst in dem offenkundigen Fehlurteil Meinwerks scheint der Autor also keinen Widerspruch oder Anlass zur Schmälerung seiner Autorität zu sehen. Stattdessen nutzt er die Gelegenheit, um seine Fähigkeit zu Einsicht, Reue und Demut lobend darzustellen.

Der Anlass der Bestrafung, der verwahrloste Zustand des späteren Heiligen bei der Messe, muss allerdings verwundern, wenn wir uns erinnern, dass Brun nicht nur selbst als Asket auftrat, sondern sich besonders durch die Unterstützung und Wertschätzung von Einsiedlern und Klausnern hervortat.[351] Unabhängig davon, ob der Autor diese Episode aus der mündlichen Tradition übernahm, sie also tatsächlich so oder ähnlich stattgefunden hat oder aber schon weitgehend Legende ist, manifestiert sich darin eine veränderte Einstellung zum Formellen und Materiellen – kurz „weltlichen" – in den Viten, die sich auch auf das Sanktionsverhalten auswirkt. Für Meinwerk ist es ein Affront, einen Vertreter der Kirche in so einfachem Aufzug zu sehen. Es ist interessant und verdeutlicht diesen Wandel, sich einmal vorzustellen, wie er auf den in Schafspelze gehüllten, ungewaschenen, ausgezehrten und todessehnsüchtigen Bruder Ottos des Großen reagiert haben könnte. Hätte er ihn gar auspeitschen lassen? Diese Veränderung mag einerseits auf einen gewissen Wohlstand und Standard innerhalb der etablierten Reichskirche späterer Zeit zurückzuführen sein, andererseits zeigt sie die gewandelten Normvorstellungen für die Verfassung der Bischofsviten. Das asketisch-monastische Ideal, mit dem Brun noch lobend charakterisiert werden konnte, ist zumindest in der Vita Meinwerks völlig verschwunden.

3.4.4. Die Gleichsetzung materieller und religiöser Buße

Nicht nur die selbstverständliche Nennung körperlicher Strafen weist auf einen „weltlicheren" Umgang mit Sanktionen in der jüngeren Vita hin, auch in Bezug auf die Buße tritt der seelsorgerische Aspekt hinter der materiellen Leistung zurück. Materielle Buße begegnet in den älteren Viten einzig, als Ulrich den Plünderern Augsburgs die Möglichkeit gibt, seine Verzeihung zu

[351] Vgl. Vita Brunonis, c. 30 (FSGA 22, S. 222-225).

erkaufen. Angesichts der entstandenen Schäden erscheint diese Form der Wiedergutmachung besonders angebracht. Das kompositorische Motiv klingt hier allerdings nur indirekt an und wird von der religiösen Buße als Heilung von der Sünde, wie sie in den Strafwundern deutlich wird, überlagert.

Anders in der Vita Meinwerks. Der größte Teil der Sanktionen, die auf ihn zurückgeführt werden, steht hier im Zusammenhang mit dem Erwerb von Gütern für die Paderborner Kirche. Die Erwerbspolitik wird vom Autor ins Zentrum der Vita gerückt. Die veränderte Situation des Klosters Abdinghof und die Notwendigkeit der Absicherung klösterlicher Güter und Rechte gegen fremde Ansprüche scheinen dabei ausschlaggebend gewesen zu sein.[352] Für unser Thema ist dies von Belang, insofern der Autor die Erwerbspolitik als Beispiel vorbildlicher Amtsführung stilisiert, die auch individuelle Sanktionen rechtfertigt. Grundsätzlich zeigt sich, dass der Bischof in vielen Fällen mittels eines kompositorischen Verständnisses von Buße an Güter gelangt. So heißt es im 101. Kapitel:

> „(Drei) Männer aus Scherfede mit Namen Aethelbern, Ezilin, und Heriward töteten durch einen unglücklichen Zufall einen zum Stift Neuenheerse gehörenden Mann. Damit sie nicht öffentlich geächtet und ihre Besitztümer geplündert würden, übergaben sie sich mit ihrem ganzen Hab und Gut in das Eigentum der Paderborner Kirche. Der ehrwürdige Bischof Meinwerk wurde ihnen ein fester Turm vor dem Angesicht des Feindes: Er versöhnte nach Gesetz die Gegner und löste den verübten Totschlag bei der Heerser Kirche mit 8 Silberpfund ab."[353]

Meinwerk nutzt also seine Kompetenz zur Umwandlung der drohenden Strafe in eine materielle Buße, die ihm und seiner Kirche zugute kommt. Die eigentliche Sanktion für den „versehentlichen Mord", nämlich die Ächtung und Enteignung der Täter, wandelt er durch seinen persönlichen Eingriff in

---

[352] Vgl. Haarländer: Hagiographie, S. 26-45, besonders S. 38ff. mit der weiterführenden Literatur.

[353] Vita Meinwerci, c. 101 (MGH SRG 59, S. 55): *Quidam viri de Scerve Aethelbern, Ecilin, Heriward nominati hominem quendam pertinentem Herisi casu fortuitu occiderunt, et ne publice proscriberentur et res eorum diriperentur, se cum omni substantia sua ad dominium Patherbrunnensis ecclesię in proprium tradiderunt. Venerabilis autem episcopus factus eis turris fortitudinis a facie inimici, dissidentes legitime pacificavit et homicidium factum ad ecclesiam Herisiensem cum octo libris persolvit.* Übers. Terstesse, S. 82.

eine kompositorische Buße „nach Gesetz"[354] ab. So erscheint er zugleich als gnädiger Hirte und umsichtiger Verwalter.

Eine ganze Reihe ähnlicher Fälle, eingebettet in das eingefügte Traditionsbuch, zeugt von diesem Verständnis der Buße im Sinne der *compositio*, bei weltlichen Vergehen ebenso wie bei Verstößen gegen die Kirche.[355] Es wird der Zielsetzung des Autors geschuldet sein, vor allem die Besitzverhältnisse des Klosters festzuhalten und durch die Verbindung mit dem Klostergründer abzusichern, dass er nur bloße Fakten berichtet. Auch ist zu bedenken, dass viele dieser Fälle wahrscheinlich im Rahmen des bischöflichen Sendgerichts verhandelt wurden, was allerdings aus der Darstellung nicht eindeutig hervorgeht. Dennoch bleibt der Mangel an Verweisen auf seelsorgerische Aspekte innerhalb einer Schrift, die letztendlich doch hagiographischer Natur ist, bemerkenswert. Keine Spur von dem Mitleid eines Brun oder der Demut eines Bernward wird hier beschrieben. Die Sanktionierung durch materielle Bußen erscheint selbstverständlich. Sie kann vom Autor als Beispiel vorbildlicher Amtsführung benutzt werden, weil die Vorstellungen von religiöser Buße vor Gott und materieller Wiedergutmachung im Sinne der *compositio* gleichgesetzt werden. Die Sorge „um den reinen Glauben der Schafe des Herrn"[356] wird zur Sorge um die Ausstattung der Paderborner Kirche. Kompositorische Buße und religiöse Buße werden in eins gesetzt und ungeschieden dem Bischof zu gute gehalten. Anlässlich einer weiteren Güterüberschreibung durch Heinrich II., lässt der Autor Meinwerk selbst den für seine Interpretation wesentlichen Gedanken formulieren.

> „Gesegnet bist du, Heinrich, es wird dir wohlergehen! Ob dieser Opfergaben wird dir der Himmel offenstehen und deine Seele mit den Heiligen die ewigen Freuden besitzen. Seht es, alle Völker, beachtet es wohl, alle Gläubigen: Solche Opfergabe schafft Vergebung der Sünden, dies gottgefällige Opfer bringt den Seelen Versöhnung. Das nachzuahmen möge jeder Gläubige sich nach seinen Vermögensumständen ernstlich bemühen, damit er statt der irdischen Güter die ewigen, statt der vergänglichen die bleibenden zu erlangen vermag."[357]

---

[354] Ebd.: *legitime [...].*

[355] Vgl. Vita Meinwerci, c. 102 & 103 (MGH SRG 59, S. 55-56).

[356] Vita Brunonis, c. 22 (FSGA 22, S. 212/213): *Erant ei foris pugnę, intus timores [...]. Pugnabat contra luporum ęcclesiam Dei devastare cupientium rabiem, timebat Domini ovium simplicitati*; Übers. Kallfelz, ebd.; vgl. 2. Kor 7,5.

[357] Vita Meinwerci, c. 182 (MGH SRG 59, S. 105): *Episcopus autem privilegium cum manu in altum exaltans: 'Beatus es', ait, 'Heinrice, et bene tibi erit, cui pro hac oblatione celum patebit,*

An anderer Stelle heißt es: „Weil er [Meinwerk] also Gott von Herzen liebte, zog er durch sein Beispiel viele zu Ihm, die ernstlich bemüht waren, sich mittels der ihnen auf Zeit zugewandten Güter eine Wohnstatt ewiger Herrlichkeit zu besorgen."[358] Die Überschreibung materieller Wertgegenstände als Versöhnung mit Gott und damit als heilsame Buße angesichts der Sünden ist fest etabliert im Denken des Autors. Diese Argumentation ermöglicht es ihm, individuelle Sanktionen Meinwerks durch materielle Bußen zugleich als seelsorgerische Maßnahmen erscheinen zu lassen und als Darstellungen seiner vorbildlichen Amtsführung anzuführen. Diese Vorstellung findet sich so in den älteren Viten noch nicht. Die persönliche Reue, als wesentliches Element der religiösen Buße in den älteren Viten, verliert demgegenüber an Bedeutung. So lässt der Autor Heinrich angesichts der erfolgreichen Bemühungen Meinwerks heimlich murmeln: „Und du magst den Unwillen Gottes und all seiner Heiligen erfahren, der du nicht säumst, mich der zugestandenen Güter zum Schaden des Reiches zu berauben."[359]

3.4.5. Die Bußgesinnung als Druckmittel gegen den Kaiser

Die Buße, als Wiedergutmachung einer Schuldigkeit vor Gott, erscheint als moralische Verpflichtung für jeden Christen. Das gilt auch für den Kaiser. Dem Bischof, als Repräsentant Gottes, obliegt es im Zweifelsfall, eine solche Schuldigkeit festzustellen. Im Rahmen jener Episoden der Meinwerkvita, die in anekdotenhafter Form dessen Verhältnis zu Heinrich II., der sein Schul-

---

cuius anima cum sanctis sempiterna possidebit gaudia'. 'Videte', ait, 'omnes populi, considerate, fideles universi; talis oblatio peccatorum fit abolitio, hoc sacrificium Deo acceptabile animabus fit propiciabile. Hoc quique fideles pro posse sue facultatis imitari studeant, ut pro temporalibus eterna, pro transitoriis mansura optinere valeant'. Übers. Terstesse, S. 149.

358 Vita Meinwerci, c. 135 (MGH SRG 59, S. 70): *Quia ergo Deum intime dilexit, plures ad eum exemplo suo attraxit, qui de bonis sibi temporaliter collatis providere sibi studuerunt mansionem perpetue claritatis.* Übers. Terstesse, S. 103.

359 Vita Meinwerci, c. 182 (MGH SRG 59, S. 105): *'Et tu', inquid, 'odium Dei omniumque sanctorum eius habeas, qui nie bonis concessis cum detrimento regni spoliare non cessas'*; Übers. Terstesse, S. 148.

kamerad gewesen sein soll[360], schildern, berichtet der Autor von einer bemerkenswerten Emanzipation der bischöflichen Autorität gegenüber dem Königtum. Die Gleichsetzung materieller und religiöser Buße ermöglicht es Meinwerk, die moralische Verpflichtung zur Buße als Druckmittel gegen Heinrich II. zu instrumentalisieren. Eben dieses kluge Vorgehen, das aus heutiger Sicht geradezu einer Erpressung gleicht, stellt der Autor als vorbildliche Leistung des Bischofs heraus. So schenkt Meinwerk dem Kaiser einen Mantel aus dem Fell ungeborener Lämmer. Als Heinrich dies entdeckt und für respektlos erklärt, klagt Meinwerk ihn an:

> „Heinrich, ich habe zur Bekleidung deines sterblichen Leibes das arme Bistum der seligen immerwährenden Jungfrau Maria, das mir von dir übertragen worden ist, ausgeplündert. Seine Domherren, Dienstleute und Bettler, die mit den Fellen der geschlachteten Schafe zu wärmen und durch ihre Milchfülle und die Ernährung mit mannigfacher Kost zu unterhalten waren, habe ich betrogen und beraubt. Dieses Übels wirst Du vor Gott schuldig sein, wenn du nicht schnell und vollständig das Entzogene der Kirche wiederzustellst."[361]

Der Bischof verweist also auf die Schuldigkeit vor Gott, die Heinrich angemessen und zwar in diesem Fall materiell zu büßen habe. Besonders durch die Öffentlichkeit der Anklage moralisch in Zugzwang gesetzt, muss der Kaiser nachgeben. Nach dem gleichen Muster gelangt Meinwerk an einen kostbaren Trinkbecher des Kaisers, indem er ihn kurzum in einer Nachtaktion zum Messbecher umschmieden und so in den Dienst Gottes übergehen lässt.[362] Ebenso sichert er, als der Kaiser den Altar aus seinen Mitteln wertvoll schmückt, die Gegenstände und Gewänder „auf und mit denen in dieser Stunde und Kirche die göttlichen Geheimnisse gefeiert worden waren, mit bi-

---

360 Vgl. Vita Meinwerci, c. 3 (MGH SRG 59, S 21).

361 Vita Meinwerci, c. 181 (MGH SRG 59, S. 103): *Heinrice, pro corpore tuo mortali vestiendo pauperem beate Marię semper virginis episcopatum, a te mihi collatum, devastavi; canonicos eius, villicos et mendicos de velleribus ovium occisorum fovendos, de lactis eorum copia cibique varii alimonia alendos fraudavi et spoliavi, cuius mali coram Deo reus tu eris, si non velociter et pleniter ecclesię ablata restitueris*; Übers. Terstesse, S. 146.

362 Vgl. Vita Meinwerci, c. 182 (MGH SRG 59, S. 104).

schöflicher Vollmacht und Bannandrohung dem Eigentum der Paderborner Kirche."[363]

Es ist ungewiss, inwiefern diese nicht ohne Humor vorgetragenen Episoden den Tatsachen entsprechen. Sie zeugen allerdings davon, dass in der Mitte des 12. Jahrhunderts dem Bischof aufgrund seiner Legitimation durch Gott eine moralische Autorität zugesprochen werden konnte, die auch gegen den Herrscher geltend gemacht wird. Der Bischof kann auch den Kaiser sanktionieren. Eine Vorstellung, die in den älteren Viten nicht begegnet. Sie mag von den Erfahrungen des Investiturstreits geprägt und von der in diesem Zusammenhang schwindenden sakralen Stellung des Herrschers beeinflusst sein. Tatsächlich kommt es im Zuge der spielerischen Auseinandersetzungen Meinwerks mit Heinrich II. sogar zu einem „kleinen Canossa": Heinrich lässt, um die Frömmigkeit Meinwerks zu testen, „mit goldenen Buchstaben auf Papierblättchen schreiben: ‚Bischof Meinwerk, bring dein Haus in Ordnung! Denn in fünf Tagen wirst du sterben.'"[364] Diese werden während des Essens aus dem oberen Stockwerk herabgeworfen und in den Räumen verteilt, so dass der Bischof über sie stolpern muss. Meinwerk glaubt der vermeintlich göttlichen Botschaft, lässt sein Hab und Gut unter den Kirchen und Armen verteilen und erwartet in beständigem Wachen und Fasten den Tod. Als er schließlich doch nicht stirbt, fällt sein Verdacht auf den Kaiser.

> „Meinwerk sprach, bevor er das Hochamt begann, nach Umständen und Zeit kurz zum Volke und machte die Verspottung des Bischofs und die Verschleuderung von Hab und Gut der Kirche allen bekannt. Die Urheber und Mitschuldigen an diesem Vorfall sonderte er als mit apostolischer Vollmacht Gebannte vom Innersten der hl. Kirche und von der Gemeinschaft aller Gläubigen bis zur angemessenen Buße ab. […] Alsbald verließ der Kaiser mit der Kaiserin und den übrigen Mitwissern dieses Geschehens das Gotteshaus. Demütig die Sünde menschlicher Leichtfertigkeit erkennend, erwartete er barfuß und im Bußgewand als öffentlicher Büßer die Ankunft des Bischofs vor der Kirchentür. Als Meinwerk nach dem Hochamt gerade herausging, erlangte Heinrich, *mit zerknirschtem Herzen und im Geiste der*

---

363 Vita Meinwerci, c. 185 (MGH SRG 59, S. 106): *super que et per que ea hora et ecclesia divina celebrata erant sacramenta, eiusdem ecclesię proprietati et utilitati pontificali auctoritate et banno confirmavit*; Übers. Terstesse, S. 150.

364 Vita Meinwerci, c. 187 (MGH SRG 59, S. 107): *scribi fecit litteris aureis in scedulis: 'Meinwerce episcope, dispone domui tuę; morieris enim quinta die'*. Übers. Terstesse, S. 152.

Demut am Boden hingestreckt, auf Vermittlung der Anwesenden samt den Seinen mit einigen Schwierigkeiten die Freisprechung vom Kirchenbann."[365]

Der Bischof spricht also den Kirchenbann sogar gegen den Kaiser selbst aus. Eine ungewöhnliche und in den älteren Viten nicht denkbare individuelle Sanktion. Der Kaiser kann sich nur durch eine öffentliche Buße vom Bann lösen. Die drastische „Strafe" gewinnt vor dem Hintergrund der öffentlich verwurzelten Bußgesinnung zwingenden Charakter. Sie ist Teil des Bußprozesses, dessen Beurteilung und Handhabe letztlich der bischöflichen Autorität unterliegt. Er kann daher gegebenenfalls auch für persönliche Angelegenheiten instrumentalisiert werden. Strafe und Buße bilden in der Hand des Bischofs eine Einheit, welcher, durch ihren Bezug auf Gott, nicht einmal der Kaiser, zumal im Lichte schwindenden sakralen Ansehens, widerstehen kann.

Mehr als über den historischen Gehalt der Geschehnisse verrät die Episode über die normativen Vorstellungen ihres Autors. Selbst der Kaiser hat sich der Autorität des Bischofs zu beugen und der Kirche und ihren Bedürfnissen mit Demut zu begegnen. Demgemäß stellt Heinrich die verschleuderten Güter wieder zu und „[s]päter war er von Herzen mit dem Bischof vereint und gab zu allem, was Meinwerk sowohl für die eigenen als auch für die Lebensbedürfnisse seiner Mitknechte und Mitbischöfe erbat, sehr bereitwillig seine Zustimmung."[366] Solche Fügsamkeit des Kaisers wird vielmehr Ausdruck des Wunschdenkens des Autors angesichts der geschwächten Position seines Klosters zur Abfassungszeit der Vita sein, als Zeugnis tatsächlicher Gegeben-

---

365 Vita Meinwerci, c. 187 (MGH SRG 59, S. 108): *episcopus, antequam missarum sollempnia initiaret, pauca pro re et tempore ad populum locutus episcopalem irrisionem et rerum ecclesię distractionem omnibus innotuit, et eius rei auctores et fautores apostolica auctoritate anathematizatos a sanctę ecclesię gremio omniumque fidelium consortio usque ad condignam satisfactionem segregavit. Imperatore protinus cum imperatrice ceterisque facti illius consciis monasterium egrediente et excessum humane levitatis humiliter recognoscente discalciatus et cilicio indutus adventum episcopi ante fores monasterii publice penitens expectavit, et post missarum sollempnia egressuro episcopo in animo contrito et spiritu humilitatis prostratus absolutionem anathematis interventu, qui aderant, cum suis difficulter impetravit.* Übers. Terstesse, S. 153.

366 Ebd.: *et deinceps cordetenus episcopo unitus ad omnia, que tam in propriis quam in conservorum et coepiscoporum suorum necessitatibus expetisset, benignissime annuit.*

heiten. Gleichsam als Bestätigung dieser vermuteten Hoffnung und der dahinterstehenden Intention, die Rezipienten zu mehr Demut und Zuwendungen gegenüber der Kirche (und ihren Klöstern) aufzurufen, fügt er an: *„Mit Bewunderung sollte also verdientermaßen von den Gläubigen betrachtet und verehrt werden die bischöfliche Autorität und die kaiserliche Demut und gepriesen der an beiden zu rühmende lautere Lebenswandel sowie solch hohe Verdienste."*[367]

3.4.6. Sanktionen im eigenen Interesse?

Der Dienst an der Gemeinschaft, in den älteren Viten ein durchgängiges Grundmotiv für das Handeln des Bischofs, bleibt in der Vita Meinwerks, zumindest als Dienst am und für den Menschen, im Hintergrund. Dafür aber treten ganz persönliche Interessen, kaum geschönt durch die Gleichsetzung seiner Ziele mit denen seiner Kirche, hervor. Ganze Episoden sind dem Vorgehen Meinwerks gegen seine Mutter gewidmet. Der Autor sieht in ihnen Anzeichen seiner Güte und seines vorbildlichen Strebens, den Willen Gottes nach Kräften zu forcieren.[368] Sie spiegeln deutlich die umfassenden Sanktionsmöglichkeiten, die dem Bischof persönlich zugeschrieben werden konnten.

Meinwerk hatte sich mit seiner Mutter Athela wegen ihrer zweiten Heirat mit dem Grafen Balderich überworfen. Der Autor ist bemüht sein Handeln in ein positives Licht zu rücken. So weiß er von dem „üble[n] Ruf ihrer Bosheit und Verdorbenheit, der überall bekannt und verabscheut wurde"[369]. Bei der schlichten Ablehnung bleibt es allerdings nicht. Der Bischof entschließt sich, seiner Mutter auch jene Güter zu entziehen, die er ihr als Lebensgrundlage überlassen hatte. Dabei sind die persönlichen Motive, nämlich die Bereicherung auf Kosten der in Ungunst gefallenen Mutter, kaum von der Hand zu

367 Ebd.: *Ammiretur ergo et veneretur a fidelibus, ut meretur, episcopalis auctoritas et imperialis humilitas, et commendetur in eis commendanda vitę sinceritas et meritorum tanta sublimitas.*

368 Vgl. Vita Meinwerci, c. 132 (MGH SRG 59, S. 64).

369 Vita Meinwerci, c. 132 (MGH SRG 59, S. 65): *Infamia denique sue malicie et nequitię ubique nota et abhominata*; Übers. Terstesse, S. 97.

weisen. Der Autor scheint diese Gefahr zu sehen und kommt ihr rechtfertigend zuvor:

> „Indem er [Meinwerk] beteuerte, er habe zwar ihre Güter nicht nötig noch Sorge um sie, wolle aber Gott, dem er sich und all das Seine geweiht hätte, mehr geben, gab er Befehl, sie solle sich von seinem gesamten Bischofsgut oder Eigenbesitz (Allod) schleunigst zurückziehen."[370]

Die harte Sanktion des Bischofs wird also durch sein Streben nach Mehrung der Güter Gottes legitimiert. In diesem Fall sind dies allerdings konkret die Güter der Paderborner Kirche und seine eigenen. Überspitzt ließe sich sagen: Gott wird hier zur Rechtfertigung persönlicher Bereicherung. Obwohl der Autor damit die Güte seines Bischofs herausstellen wollte[371], gibt er keinen Anlass, Meinwerks Maßnahme als heilsame Buße zu deuten. Im Gegenteil zieht sich Athela keineswegs reuig zurück, sondern wird „mit Schimpf vertrieben"[372]. Daraufhin „entbrannte sie in größerer Missgunst gegen den Bischof und suchte mit weiblicher Wut jede Tür zu seiner Vernichtung."[373] Es kann heute nicht mehr beurteilt werden, inwiefern die Charakterisierungen des Autors zutreffen. Deutlich wird jedoch seine Bemühung, Athela in einem derart schlechten Licht darzustellen, dass Meinwerks weiteres Vorgehen gerechtfertigt erscheint. So geht dieser, als sie versucht, ihm weitere Güter durch Übertragung an andere Kirchen zu entziehen, mit handfesten Sanktionen gegen sie vor.

> „Als sie durch Flucht entschlüpfen wollte, packte er sie beim Sprung von der Anhöhe in das Flüsschen Eem. Er erklärte sie für schlechter als jedwede Kreatur, weil

---

[370] Ebd.: *se bonis eius non indigere vel curare protestans, Deum vero, cui se suaque omnia devovisset, ampliora daturum affirmans ab omni suo episcopio vel allodio eam quantocius recedere mandavit.*

[371] Vgl. Vita Meinwerci, c. 132 (MGH SRG 59, S. 65).

[372] Vita Meinwerci, c. 132 (MGH SRG 59, S. 65): *Quę repulsa cum ignominia maiori adversum eum exarsit invidia, ad eius interitum omnem femineo furore querens aditum.* Übers. Terstesse, S. 98.

[373] Ebd.

sie nicht nur ihre leiblichen Kinder töte, sondern auch um das Erbe zu bringen gedenke, und ließ sie gefangen nehmen."[374]

Durch ein Strafwunder[375] überzeugt er die Anwesenden von der Rechtmäßigkeit seiner Ansprüche, überlässt aber schließlich einen Teil seiner Mutter und zwar, wie der Autor dann doch wieder betonen muss, „um nicht den Anschein zu erwecken, er habe den Untergang der Mutter veranlasst."[376]

Schließlich wird Athela, wegen des Mordes an Graf Thiederich, von Meinwerk „mit ihren Mitschuldigen zu gesetzmäßigen Gerichtsverhandlungen nach Dortmund gerufen und als eines Majestätsvergehens Beschuldigte und Mörderin des eigenen Sohnes zum Tode verurteilt"[377]. Unabhängig vom Wahrheitsgehalt dieser Anschuldigungen[378] ist die geschilderte Reaktion Meinwerks bezeichnend für die veränderte Darstellung des strafenden Bischofs in dieser Vita. Keine Spur des Mitleids, nicht einmal der Versuch eines Rückgriffs auf kompositorische Alternativen, wie sie doch im Falle der drei Mörder problemlos umgesetzt wurden. Stattdessen kommt der Autor erneut dem Verdacht zuvor, Meinwerk könne aus persönlichen Motiven handeln und verstärkt damit doch den Eindruck, dass auch den Zeitgenossen dieser Verdacht nur allzu nahe liegen musste. Meinwerk handele „nicht wegen der Übermacht seines Schmerzes, sondern wegen der Unversehrtheit seiner Got-

---

[374] Vita Meinwerci, c. 135 (MGH SRG 59, S. 70): *volentem fuga evadere ad aquam Emme de monte salientem comprehendit et deteriorem qualibet creatura protestans, que filios uterinos non solum occideret, verum etiam exheredare disponeret, capi eam fecit.* Übers. Terstesse, S. 102.

[375] Vgl. S. 77ff.

[376] Vita Meinwerci, c. 135 (MGH SRG 59, S. 70): *Manifestam ergo virtutem Dei matri proponens tandem aliquando eam resipiscere hortabatur; et se bonis beati Viti non indigere dicens, quę ei dederat, rata fecit, ne ullam occasionem pereundi matri dedisse videretur.* Übers. Terstesse, S. 103.

[377] Vita Meinwerci, c. 132 (MGH SRG 59, S. 67): *Amplius autem episcopo post reditum imperatoris cum principibus non nimietate doloris, sed sinceritate Dei amoris et canonici rigoris instante illa maledicta per legales inducias cum suis fautoribus Drotmanniam vocatur et maiestatis rea filiique proprii parricida morti adiudicatur.* Übers. Terstesse, S. 99.

[378] Während Tenckhoff „die Ermordung Dietrichs durch Adela und Balderich [als] nicht geschichtlich" einstuft, gehören für Bannasch zwar manche der Mutter angelastete Taten „in das Reich der Legende", das von ihr gezeichnete Bild sei allerdings in seinen Grundzügen berechtigt. Bannasch: Bistum Paderborn, S. 85; Tenckhoff: Vita Meinwerci, S. 66; vgl. Terstesse: Das Leben des Bischofs Meinwerk, S. 98, Anm. 14.

tesliebe und des strengen geistlichen Rechts“[379]. Es zeigt sich hier die verstärkte Bedeutung „rechtsförmiger“ Vorstellungen von Urteilsfindung. Solchen Erwägungen gegenüber tritt das Mitleid zurück. Ganz im Gegenteil kritisiert der Autor jene, die den Bischof um Gnade angehen.

> „Etliche schalten aus falschem Mitleid die Unmenschlichkeit des Bischofs gegen seine Mutter und baten zur Besserung ihrer Schuld um Verzeihung und Leben. Ihnen widerstand Meinwerk lange und oft: Er machte geltend, der Leib, der gesündigt hat, müsse zeitlich gestraft werden, damit der Geist gerettet werde am Tage des Herrn.“[380]

Während Brun noch um jene, die er bestrafen musste, weinen konnte[381], ist Meinwerk davon weit entfernt. Nicht mehr die Milde, sondern die Härte wird ihm zur Tugend. Als man ihn schließlich doch mit Mühe umstimmt, übergibt er die Sache dem Kaiser. Damit deutet der Autor nicht nur an, dass Meinwerk sogar bei Anwesenheit des Kaisers selbst über seine Mutter gerichtet und sie zum Tode verurteilt haben könnte, wenn die Fürsprache Dritter ihn nicht abgehalten hätte, sondern auch, wie eng die Verknüpfung zwischen geistlichem und weltlichem Gericht generell noch Mitte des 12. Jahrhunderts gesehen werden konnte.

Die Episode mündet geradezu unvermeidlich in eine materielle Bußleistung Athelas. Sie übergibt sämtliche Güter in Sachsen förmlich an den Kaiser, der sie wiederum an Meinwerk überträgt. Dieser materielle Zugewinn steht also erneut im Mittelpunkt der Darstellung und es ist sicher nicht abwegig zu behaupten, dass er die eigentliche Motivation des Autors war, die Episode aufzunehmen. Ein Beispiel für die erfolgreiche seelsorgerische Tätigkeit Meinwerks liefert er jedenfalls damit ebenso wenig, wie Zeichen seiner hervorragenden Güte. Denn „[s]o behauptete sie [Athela] auf Fürsprache aller

---

379 Vgl. Anm. 377.

380 Vita Meinwerci, c. 132 (MGH SRG 59, S. 67): *Quibusdam autem inhumanitatem episcopi erga matrem suam falsa compassione causantibus et pro correctione culpae veniam et vitam postulantibus episcopus diu multumque restitit et carnem, quę peccaverat, temporaliter puniendam, ut spiritus salvaretur in die Domini, asseruit*; vgl. 1. Kor 5,5.

381 Vgl. Anm. 385.

das leibliche Leben und verfiel dem ewigen Tod der Seele."[382] Hier wäre demnach die „Todesstrafe" die angemessene Buße gewesen. Strafe und Buße verschwimmen im Lichte der Parteinahme.

Wo Meinwerk eingreift, geht es um den Erwerb neuer Güter für die Paderborner Kirche. Das geht soweit und wird so intim, dass er schließlich sogar persönlich einen Teppich, den er seiner Mutter geschenkt hatte, „[z]u Recht verletzt"[383] aus ihrem Schlafgemach entfernen und an das Abdinghofkloster senden lässt. Derartige Episoden sind in den älteren Viten nicht nur unauffindbar, sondern würden auch schlichtweg deplatziert wirken. Sie lassen sich letztlich auf den Drang des Autors zurückführen, die Ausstattung seines Klosters, in dem jener Teppich vielleicht noch immer lag, bis ins Detail festzuhalten. Zur Durchsetzung seiner persönlichen Ziele kann Meinwerk ganz selbstverständlich auf verschiedenste Mittel der Sanktionierung und Bestrafung zurückgreifen, die durch seine bischöfliche Autorität legitim erscheinen. Solche Maßnahmen gehören, der kritiklosen Darstellung nach zu urteilen, zumindest zur Entstehungszeit der Vita durchaus zum Selbstverständnis bischöflicher Amtsausführung.

3.4.7. Formen und Motive individueller Sanktionen

Die Hinweise auf bischöfliche Sanktionierungsmöglichkeiten erweisen sich als vielfältig, fallspezifisch und von den jeweiligen Intentionen der Autoren abhängig. Konkrete Darstellungen finden sich nur dort, wo sie als Nachweis vorbildlicher Amtsführung dienen können. Dafür orientieren sie sich an den Vorstellungen von göttlicher Ordnung und Sanktionierung. Die Übereinstimmung mit diesen Vorstellungen setzt ins Recht. Der Bischof, als von Gott eingesetzter Hirte des Bistums, ahndet Brüche mit der göttlichen Weltordnung und führt Abweichler, wo es geht, in sie zurück. Dafür stehen ihm sozi-

---

382 Vita Meinwerci, c. 132 (MGH SRG 59, S. 67): *et sic interventu omnium vitam carnis optinuit et eternam mortem anime incurrit.* Übers. Terstesse, S. 100.

383 Vita Meinwerci, c. 138 (MGH SRG 59, S. 71): *et pie violentus ipsum dorsale occulte caballo impositum novo suo monasterio Patherbrunno quantocius deferri imperavit.* Übers. Terstesse, S. 103; vgl. ebd.

ale Sanktionen, wie Verbannung oder Umsiedlung, materielle Sanktionen, wie Straf- bzw. Bußzahlungen und Enteignungen sowie körperliche Sanktionen, von der Peitsche bis hin zum Todesurteil, zur Verfügung. Im Allgemeinen zeugen die Darstellungen des Bischofs dabei von der Lebendigkeit einer literarischen Tradition, die auf altrömische Herrschertugenden und Amtsauffassungen zurückgeht. „Ähnlich wie der Herrscher sollte auch der ideale Bischof gefürchtet wegen seiner Härte und geliebt wegen seiner Güte sein, er sollte seine Straf- und Zwangsgewalt durch Sanftmut mildern."[384]

Es ist ein Wandel im Umgang mit der bischöflichen Sanktionstätigkeit erkennbar. Die Vita Brunonis zeichnet bereits die grundsätzliche Interpretationslinie vor: Der Bischof erfüllt seine mit dem Amt von Gott übertragende Pflicht im Rahmen der göttlichen Weltordnung. Der Zwiespalt zwischen den christlichen Idealen und den weltlichen Amtsanforderungen ist dabei noch so präsent, dass Ruotger über Brun schreibt: „So weit war er von der Grausamkeit entfernt, daß er sogar über die, denen er wegen ihrer Übeltaten etwas bitteres antun mußte, selber oftmals bitterlich weinte."[385] Der Autor der Ulrichsvita umgeht diesen Zwiespalt, indem er die meisten Strafen auf Gott zurückführt und so den Bischof unbezweifelbar ins Recht setzt. Die Vita Bernwardi verweist auf „rechtsförmige" Normen. Im Ganzen berichten die älteren Viten nur von wenigen Fällen konkreter Bestrafung. Die Bischöfe gehen gewaltsam gegen äußere Bedrohungen vor. Der Kampf gegen äußere Feinde rechtfertigt den Einsatz von Gewalt, wenn auch als letztes Mittel. Für Sanktionen innerhalb der Gemeinschaft gibt es letztlich nur einen Grund. Er besteht jeweils in einer Störung des Friedens und der Ordnung der Gemeinschaft. Zu diesen Ordnungsvorstellungen gehört auch der Gehorsam gegenüber dem Bischof. Die Unruhestifter werden entweder im Wortsinn oder durch den Kirchenbann in religiösem Sinne entfernt, wobei ihnen der Weg zur Rehabilitation vor Gott durch religiöse Buße offen bleibt. Auch die Auflehnung gegen den

---

384 Fichtenau: Lebensordnungen I, S. 273; vgl. ebd.

385 Vita Brunonis, c. 34 (FSGA 22, S. 230/231): *Tantum autem aberat a servitia, ut pro his etiam, quibus amarum aliquid pro qualitate factorum necessario inferebat, ipse frequenter amare fleret, ita gaudere cum gaudentibus, cum flentibus flere consuevit.* Übers. Kallfelz, ebd. Vgl. Röm 12,15.

König gilt als Bruch der Ordnung. Die rechte Ordnung beinhaltet durchweg den Schulterschluss mit dem Königtum.

Allein der quantitative Anstieg der individuellen Sanktionsdarstellungen deutet bereits auf einen veränderten Umgang mit dem Thema in der jüngsten Vita Meinwerks hin. Tatsächlich finden sich hier die unterschiedlichsten Arten der Sanktionierung, die nun auch gewaltsame Strafen innerhalb der Gemeinschaft wie selbstverständlich einschließen. Der Grundgedanke der Stellvertreterschaft Gottes verstärkt sich, während der für die älteren Viten typische Verweis auf die Milde zurücktritt. Meinwerk veranlasst Rutenhiebe und andere körperliche Züchtigungen. Er setzt persönlich seine Mutter gefangen, verhängt materielle Bußleistungen, enteignet, entrechtet, setzt ab und belegt schließlich sogar Heinrich II. mit dem Kirchenbann. Religiöse und materielle Buße werden unter Vernachlässigung der inneren Reue gleichgesetzt. Weltliche und formale Aspekte rücken in den Vordergrund. Zwei Textstellen implizieren, dass er auch die Kompetenz besaß, über Leben und Tod, selbst im Falle von Adeligen, zu entscheiden. So lässt er sich nur mit Mühe vom Todesurteil gegen seine Mutter abbringen und verleiht der von ihm errichteten Kapelle des heiligen Alexius ein Asylrecht, das jeden nach Marktgesetz zum Tode Verurteilten bei Berührung von seiner Strafe befreite.[386] Wenn auch die jeweilige Darstellung von Zeitumständen und Intentionen der Autoren abhängt, so scheint doch der Zwiespalt zwischen geistlichem Anspruch und weltlicher Herrschaft in der Meinwerksvita kein Thema mehr zu sein. Dies deutet darauf hin, dass das Amtsverständnis des Bischofs zur Entstehungszeit der Vita sich so weit gefestigt haben könnte, dass der selbstverständliche Zugriff auf alle möglichen Formen der Sanktionierung keiner weiteren Erklärung mehr bedurfte.[387] Die bischöfliche Autorität behauptet hier auch gegen den Kaiser ihre Eigenständigkeit und Sanktionsbefugnis.

---

386 Vgl. Vita Meinwerci, c. 154 (MGH SRG 59, S. 82).

387 Vgl. Anm. 255. Die häufigen Darstellungen von Züchtigungen sind auch als implizite Kritik des Verfassers an der (mündlich überlieferten) Strenge Meinwerks gedeutet worden. Diese Annahme würde einerseits die tatsächliche Anwendung solcher Sanktionen wahrscheinlicher machen, andererseits die Autorität Meinwerks, die zur Legitimation des Güterbesitzes herangezogen wird, untergraben und so der Hauptintention der Vita entgegenstehen. Vgl. Berndt: Vita Meinwerci, S. 22.

Die Überwindung des Zwiespalts gelang den Viten nach, indem die weltliche Sanktionierungstätigkeit nach dem Bild des von Gott eingesetzten, guten Hirten christlich interpretiert wurde. Die Sanktionen, gleich ob Strafe oder Buße, wurden als korrigierende Eingriffe gedeutet, die der Bischof mit göttlicher Legitimation vornahm. So trug er zugleich für die göttliche Weltordnung und für die Seelen der Sünder Sorge. Auf diese Weise konnten Sanktionen, von der Ermahnung bis zum Brenneisen, als Heilmittel gegen die Sünde des Bruches mit der göttlichen Weltordnung verstanden werden. Als durchgängiges Motiv und Rechtfertigung aller Sanktionierungstätigkeit in den Viten erscheint daher die *correctio*.

3.5. Die Einheit von Strafe und Buße als Mittel der *correctio*

Die Viten zeugen von einer Vorstellung von Sanktionierung, die über „Wiedergutmachungszauber" weit hinausgeht. Der Schlüssel zum Verständnis des hier vorherrschenden Strafgedankens ist die christliche Bußgesinnung. Alle gewachsenen Sanktionsformen werden unter Rückgriff auf den Bußgedanken christlich umgedeutet. Die Strafe wird Teil des heilsamen Bußprozesses. Strafe und Buße bilden im Ergebnis eine Einheit, indem sie als Mittel zur Heilung von Sünde und somit als gerechtfertigte *correctio* interpretiert werden. Sanktionierung erscheint daher als seelsorgerische Pflicht des Bischofs. Auf diese Weise wird der Zwiespalt zwischen geistlichem Ideal und weltlicher Praxis überwunden. Dahinter zeichnet sich eine bemerkenswerte Argumentation ab.

Der gerechten Vergeltung des allmächtigen Gottes kann sich niemand entziehen. Jede Sünde wird von ihm bestraft. Von dieser Vorstellung zeugen vor allem die strafenden göttlichen Fügungen. Er tut dies „entweder unserer Sünden wegen, oder um uns besser zu machen"[388], also entweder als gerechte Vergeltung oder als *correctio*. Wenn der Bischof sein Amt antritt, wird er zum Stellvertreter der heiligen Kirche und Mittler des göttlichen Willens. Er kann

[388] Vita Meinwerci, c. 7 (MGH SRG 59, S. 10): *sive malicia inhabitantium exigente, sive saluti mortalium Deo per id consulente*; Übers. Tenckhoff, S. 25.

also auch in deren Namen vergeltend oder verbessernd sanktionieren. Dabei ist es entsprechend der Orientierung am Gottesbild einerseits seine Aufgabe, Brüche mit der göttlichen Weltordnung zu vergelten, andererseits die Sünder im Hinblick auf ihr Seelenheil anzuleiten und zu korrigieren. Das einzige Mittel zur Heilung von der Sünde ist die Buße, deren Praxis sich in Form der tätigen Buße mit den Bußbüchern verbreitet hatte. Im Unterschied zu dem endgültigen Richterspruch Gottes konnten weltliche Vergehen auch weltlich gebüßt werden. Mit Verweis auf die Bibel galt: „[D]er Leib, der gesündigt hat, müsse zeitlich gestraft werden, damit der Geist gerettet werde am Tage des Herrn."[389] Indem der Bischof also strafte, bot er dem Sünder Gelegenheit zu Einsicht, Reue und tätiger Wiedergutmachung. Strafe und Buße bilden daher als Mittel der *correctio* in der Hand des Bischofs eine Einheit, die die Heilung von den Sünden und die Hoffnung auf die Errettung der Seele durch Gott ermöglicht. In diesem Sinne konnten alle Sanktionen, von der schlichten Ermahnung bis hin zum Einsatz des Brenneisens, ganz so wie die Bußen der Bußbücher, als Mittel der Heilung von der Sünde interpretiert werden.

Es zeigt sich die anhaltende Wirksamkeit einer Deutung, die sich auf den Kirchenvater Augustinus zurückführen lässt. Er prägte die mittelalterliche Theologie bis ins 12. Jahrhundert wesentlich[390] und, wie hier wahrscheinlich wird, auch das Verständnis von Strafe und Buße in Viten ottonisch-frühsalischer Reichsbischöfe. Augustinus zu Folge gilt grundsätzlich:

> „Strafe für die Sünde muß sein. Jede Ungerechtigkeit, ob groß oder gering, muß bestraft werden, gleichviel ob der Mensch sie büßt oder Gott sie ahndet. Wer Buße tut und sich damit selbst bestraft, tut gut daran, denn so kommt er der Strafe Gottes zuvor – ‚entweder du bestrafst dich selbst oder er bestraft dich' […] Strafen, die nicht hier auf Erden gebüßt und vergeben sind, werden auf die Zukunft aufbehal-

---

389 Vita Meinwerci, c. 132 (MGH SRG 59, S. 67): *Quibusdam autem inhumanitatem episcopi erga matrem suam falsa compassione causantibus et pro correctione culpae veniam et vitam postulantibus episcopus diu multumque restitit et carnem, quę peccaverat, temporaliter puniendam, ut spiritus salvaretur in die Domini, asseruit.* Übers. Tenckhoff, S. 99; vgl. Kor 5,5.

390 Vgl. Müller: Schuld, S. 14, S. 17ff.

ten – wobei Augustin auch ein [...] Fegefeuer (ignis purgatorius) für möglich hält"[391].

Schon Sproemberg stellte mit Bezug auf Ruotger fest, er sei „[w]ie die übrigen sächsischen Reichshistoriker, [...] von augustinischen Gedanken erfüllt."[392] Auch in der Meinwerksvita findet sich noch ein direkter Hinweis auf den Einfluss des Kirchenvaters. Das Werk Gottes solle *„nach dem Maß menschlicher Kraft"*[393] verehrt werden. Dem Kontext entsprechend bedeutet dies hier: Der Mensch solle der göttlichen Ordnung nach *seinem* Maßstab und Vermögen folgen. Vor diesem Hintergrund erscheint jede durch die Ausrichtung an menschlichen Vorstellungen von der göttlichen Weltordnung „rechtmäßige" Strafe, die bereits im Diesseits erfahren und damit „gebüßt" wird, im Hinblick auf das göttliche Gericht und die Erwartung des ewigen Lebens als gerechtfertigt, notwendig und positiv. Der jeweils Strafende begeht im Hinblick auf das Seelenheil des Sünders eine gute, gerade im Fall des Bischofs auch eine seelsorgerische Tat. „Strafe erscheint so als Form der Liebe, da sie den Bestraften besser und gläubiger mache."[394]

---

391 Benrath: s.v. „Buße V", S. 455; nach Augustinus: En. in ps. 58, Sermo 1,13 (PL 36, S. 701) wo es heißt: *Iniquitas omnis, parva magnave sit, puniatur necesse est, aut ab ipso homine pœnitente aut a Deo vindicante. Nam et quem pœnitent, punit seipsum. [...] Prosus aut punis, aut punit.*

392 Sproemberg: 2. Kapitel, S. 90; vgl. ebd. mit der Literatur.

393 Vita Meinwerci, c. 132 (MGH SRG 59, S. 64): *pro modulo humane valitudinis;* Übers. Tenckhoff, S. 96-97; vgl. Augustinus: De Civitate Dei, lib. 20, c. 21,1 (PL 41, S. 691): *pro modulo capacitatis humanæ [...].*

394 Müller: Schuld, S. 18; mit Bezug auf Augustinus: ep. 93,3 (PL 33, S. 322-323).

4. FAZIT

Wie also werden der sanktionierende Bischof und der sanktionierende Gott dargestellt und welche Vorstellungen von Strafe und Buße werden dabei deutlich? Gottes Vergeltung ist unausweichlich. Seine Gnade ermöglicht den Menschen jedoch Wiedergutmachung durch Buße. Strafe und Buße bilden als Mittel der *correctio* eine Einheit. Indem der Bischof stellvertretend für Gott sanktioniert, trägt er daher Sorge für die Seelen der Sünder. Strafe und Buße sind gleichermaßen Mittel zur Heilung von der Sünde. Der Bischof handelt aus Nächstenliebe und Liebe zu Gott. Er erscheint daher als Vorbild christlicher Tugend und Lebensführung.

> „So wie er [Gott] die Sünden der Väter in den Söhnen und Enkeln, die deren Sünden durch die ihrigen anhäufen und die Geduld des langmütigen Gottes zur Vermehrung ihrer Sündenschuld missbrauchen, bis in die dritte und vierte Generation vergilt, so schaffte er [Meinwerk] von der väterlichen Bosheit freie Menschen sowie aus einem Misthaufen eine kostbare Perle. Folglich liebte der Bischof Gott in allem und über alles und erwies dem Nächsten die gleiche Liebe durch Beispiele und Ermahnungen. Er ließ nicht ab, einen jeden (durch Unterweisung) zum Weg des Heiles zu befähigen, soweit es den Zeitumständen und dem eigenen Besten der Personen entsprach."[395]

Solche Ermahnungen konnten sich in allen Arten der Sanktionierung ausdrücken. Dabei scheint mit der Verfestigung des bischöflichen Amtsbegriffs auch seine Sanktionstätigkeit selbstverständlicher zu werden. Während die älteren Viten noch Darstellungen gewaltsamer Sanktionen vermeiden, sind sie in der Meinwerksvita ein nicht mehr rechtfertigungsbedürftiger Teil der Amtsgewalt. Die Autoren ziehen diese Darstellungen vor allem als Beispiele der vor-

---

[395] Vita Meinwerci, c. 132 (MGH SRG 59, S. 65): *qui, sicut peccata patrum in filiis et nepotibus peccata eorum propriis cumulantibus et longanimi patientia Dei ad augmentum suę perditionis abutentibus in terciam et quartam generationem reddit, ita malicie paternę expertes tamquam ex sterquilinio preciosam margaritam producit. Deum itaque episcopus in omnibus et super omnia diligens proximo eandem dilectionem exemplis et monitis exhibuit, et ad viam salutis unumquemque informare, quantum temporum qualitati et personarum utilitati congruebat, non destitit.* Übers. Terstesse, S. 96-97; vgl. Dtn 5,9; Ex 20,5; Mt 13,46.

bildlichen Sorge des Bischofs für sein Bistum heran. Die Viten dienen vornehmlich der Förderung des Kultes ihrer Bischöfe, der zugleich auch dem Ort, mit dem der jeweilige Name verbunden war, zugute kam. Die Bischöfe werden daher als Vorbilder christlicher Tugend und Lebensführung präsentiert. Diese Intention bestimmt auch die Darstellung des strafenden Bischofs. Die einheitliche Deutung von Strafen und Bußen als *correctio* ermöglicht es, den Widerspruch zwischen der weltlich-herrschaftlichen und der geistlich-seelsorgerischen Tätigkeit des Bischofs, zwischen „Sein und Sein-sollen", vordergründig aufzulösen.

Die „korrigierenden" Sanktionen dienen der Durchsetzung der Vorstellungen von göttlicher Weltordnung, die in den Viten, im Hinblick auf den Leserkreis, besonders die Autorität und Stellung des Bischofs im Rahmen der Reichskirchenpolitik einschließt, und der Sorge für die Seelen gleichermaßen. Die letzte Legitimation dieser Ordnungsvorstellungen ist Gott. Die formale Fixierung dieses „Rechts" nach prozessualen Regeln und deren Forcierung durch eine öffentliche Administration findet ihre Entsprechung in der vergleichsweise gut organisierten und vor allem schriftfähigen kirchlichen Administration, dem Sendgericht, den Bußbüchern und den Synoden mit ihrem Streben nach einheitlichen, flächendeckenden Richtlinien. Sie manifestiert sich im kanonischen Recht, auf welches daher in den Viten als nicht weiter zu hinterfragende Rechtfertigung verwiesen werden kann. Das Kompositionensystem der Volksrechte wird adaptiert, indem der materielle Ausgleich mit dem Gedanken der religiösen Wiedergutmachung vereint wird. Während in den älteren Viten noch der seelsorgerische Aspekt einer inneren Umkehr zu Gott durch tätige Reue überwiegt, kann die Meinwerksvita ganz offen den Loskauf von der Sünde durch materielle Leistungen propagieren.

Die Viten sind Zeugnisse der Implementierung einer christlichen Bußgesinnung in gewachsene Formen der Sanktionierung. Sie binden die Straftätigkeit an Gott. Während zuvor eine Auflehnung gegen erzwungene Herrschaftsverhältnisse unter Rückgriff auf Vorstellungen von „Rachepflicht" und „gerechter Fehde" nicht gegen das Rechtsverständnis verstoßen musste[396], was – überspitzt formuliert – auf ein Recht des Stärkeren hinauslaufen

396 Vgl. Fichtenau: Lebensordnungen II, S. 550ff.

konnte, war dies durch die Bindung rechtmäßiger Sanktionierung an Gott mit Hilfe einer zunehmend vereinheitlichten und formal ausformulierten Interpretation seiner Weltordnung nicht mehr zu rechtfertigen. Die Umdeutung der älteren Formen „rechtmäßiger Sanktionierung“ im Sinne der christlichen Buße führt zu einer Bindung rechtmäßig erscheinender Sanktionierungen an einen letztlich abstrakten Legitimationsgrund, an dem mit weltlichen Argumenten nicht zu rütteln ist. Zugleich führt diese Interpretation auch zu einer verstärkten Bedeutung der Schuldfrage für die vorhandenen Ansätze eines „öffentlichen“ Strafrechts. Es galt nicht mehr nur, einen bloßen Ausgleich zu schaffen, sondern eine Schuld vor Gott zu korrigieren. Dies konnte im Hinblick auf das Seelenheil nun auch durch harte „weltliche Strafen“ geschehen. Dem auf diese Weise legitimierten Rechtsverständnis konnten sich auch die fehdeführenden Elemente langfristig nicht entziehen. Der Siegeszug der zunächst kirchlich initiierten Gottes- und Landfrieden ab dem Ende des 11. Jahrhunderts, in deren Gefolge nicht zufällig auch die Blutstrafen vermehrte Anwendung und Fixierung erfuhren, kann auch als Folge dieser Entwicklung betrachtet werden.[397]

Dabei zeichnet sich in den untersuchten Viten ein darstellerischer Wandel ab, der mit der Verfestigung des bischöflichen Amtsbegriffs einerseits, mit der Durchsetzung territorialer Herrschaftsvorstellungen andererseits einherzugehen scheint. Der Bischof, welcher in der ältesten Vita im Bewusstsein der Zwiespältigkeit seines Amtes noch um diejenigen, die er bestraft, weinen kann, findet seine Kompetenzen zunehmend gerechtfertigt, indem sie in den seelsorgerisch-heilsamen Bußprozess projiziert werden. Zunächst ist er es, der den durch göttliche Strafen zur Buße geführten Sündern in Gottes Namen die Sünden vergibt. Von dort aus ist es nur ein kleiner, in der Praxis ohnehin bereits weitgehend vollzogener Schritt, auch die Auferlegung und Durchsetzung der Strafen selbst, gerechtfertigt als Mittel zur Tilgung der Sünden im Hinblick auf Gottes Gericht, ohne Zwiespalt zu akzeptieren. Dementsprechend gehört die Strafgewalt in der jüngsten Vita Meinwerks zum selbstverständlichen Instrumentarium des Bischofs.

---

397 Vgl. Kroeschell: Rechtsgeschichte, S. 196ff.; ebd., S. 196: „[A]us der Bußgerichtsbarkeit über besonders schwere Fälle war eine Blutgerichtsbarkeit geworden!“

Die Buße selbst, ursprünglich ein einmaliger Akt der Vergebung und Wiederaufnahme in die Gemeinschaft, wird schrittweise über die tätige Buße auf alle Formen der Sanktionierung ausgeweitet. Dabei wird sie zugleich immer materieller, gewinnt durch die Ausformulierung von Menschenhand immer „weltlichere" Züge. Die Bedeutung der Reue tritt in den Darstellungen nach und nach zurück, bis Meinwerk schließlich unverblümt von der Vergebung der Sünden durch weltliche Gaben sprechen kann, ohne die Reue überhaupt noch zu erwähnen.

Die Vorstellung von der Buße als *verdiente* Konsequenz für das Herausfallen aus einer übergeordneten Norm und einzige Möglichkeit zur Rehabilitierung bildet den (psychologischen) Nährboden für die Etablierung eines formellen Strafrechts. Sie ist Ausdruck der Legitimierung des Rechts durch Gott. Die zunächst göttlich entrückt gedachte, abstrakte Weltordnung als absoluter Maßstab wird zunehmend weltlich und menschlich interpretiert und ausformuliert. Dementsprechend wandelt sich die Buße von einer einmaligen Tilgung weniger Todsünden über die *paenitentia privata* hin zu einem ausdifferenzierten System gesellschaftlicher Disziplinierung, das nahezu alle Lebensbereiche abdeckt. Die Bußgesinnung als Gefühl einer Schuldigkeit gegenüber einer höheren, vorerst noch an Gott gebundenen Norm emanzipiert sich schließlich langfristig als Grundlage eines allgemeinen, formellen, öffentlichen Rechts vollends von ihren religiösen Wurzeln. Der Aspekt der Umkehr zu Gott und der Hoffnung auf Einlass in die Reihen derer, die errettet werden, tritt zurück. Rehabilitation und Integration in die (herrschaftlich geprägte) Gemeinschaft werden zum Selbstzweck. Die göttlichen Gebote werden durch menschliche Gesetze ersetzt. Der grundlegende Effekt der Bußgesinnung, nämlich das Gefühl der Notwendigkeit einer freiwilligen Unterwerfung unter ein letztlich abstraktes Ordnungsschema, der Reue und der *verdienten* Strafe angesichts dieser Ordnungsvorstellung, bleibt allerdings weiterhin wirkmächtig. Wo die *compositio* nur auf Schlichtung aus war und die Fehde nicht gleichsam einem Rechtsbruch entsprach, führte die christliche Bußgesinnung, wie sie sich in den Viten zeigt, eine spezifische Bindung der Moral an übergeordnete Rechts- und Ordnungsvorstellungen ein.

Die Bischöfe der hier untersuchten Viten waren also nicht nur Repräsentanten einer Reichsidee, der durch die Reichskirchenpolitik und die Erfolge der ottonischen und frühsalischen Herrscher zunehmend Gestalt verliehen wurde, bis sich ein „Heiliges Römisches Reich" wirklich etablierte. Soweit die Viten tatsächlich Zugang zu jenen Vorstellungen, die „Reflex und Motor der gesellschaftlich-politischen Veränderungen"[398] sind, gewähren, zeugen sie auch von einer spezifisch christlichen und insbesondere durch die Bußgesinnung geprägten Rechtsvorstellung, der durch die Stellung der Bischöfe wirksam Vorschub geleistet wurde. Wie weit dieser Einfluss letztlich ging und welche Rolle dabei den Viten zukommt, müssen weitere Untersuchungen zeigen. Die zentrale Bedeutung der Buße für das Mittelalter im Allgemeinen ist hingegen ebenso unumstritten, wie der geistliche Einfluss auf das Königtum des 10. Jahrhunderts[399] und die Effektivität der kirchlichen Argumentation, die sich schließlich in den Ereignissen von Canossa 1077 anschaulich manifestierte.[400]

Insbesondere die Meinwerksvita lässt erkennen, dass die Interpretation und Gestaltung des Bußprozesses durch den Bischof, mit ihrem Verweis auf die Schuldigkeit vor Gott, als zentrale Stütze bischöflicher Autorität verstanden werden konnte, die nicht nur seine Stellung gegenüber dem „weltlichen" Adel hervorhob, sondern auch zur Durchsetzung eigener Ziele gegen den König instrumentalisiert werden konnte. Die hier bereits in Viten ottonisch-frühsalischer Bischöfe aufgefundenen Vorstellungen von Strafe und Buße als durch Gott gerechtfertigtes Mittel zur Korrektur im Hinblick auf die göttliche Weltordnung und damit zugleich als herrschaftliches Mittel zur Durchsetzung weltlicher Ordnungsvorstellungen nach Maßgabe der (geistlichen) Fürsten, erweisen sich für das entstehende „Heilige Römische Reich" langfristig als prägend und folgenschwer. Das Akzeptieren von Sanktionen und Strafen vor dem Hintergrund der Bußgesinnung ist zugleich ein Akzeptieren

---

398 Lotter: Methodisches, S. 356.

399 Vgl. Keller, Althoff: Krisen und Konsolidierungen, S. 371.

400 Hier wird die Buße zu einem politischen Instrument, das sich gegebenenfalls auch *gegen* den Papst anwenden lässt, was ihre gesellschaftliche Relevanz unterstreicht. Vgl. Althoff, Gerd: Heinrich IV. (Gestalten des Mittelalters und der Renaissance), Darmstadt 2006, S. 133-160, hier v.a. S. 154-160.

von Herrschaftsverhältnissen. Noch 798 Jahre nach Meinwerks Tod und 28 Jahre nach dem endgültigen Zerfall des Reiches schreibt Georg Büchner in seinem hessischen Landboten:

> *„Das alles duldet ihr, weil euch Schurken sagen: diese Regierung sei von Gott. Diese Regierung ist nicht von Gott, sondern vom Vater der Lügen. Diese deutschen Fürsten sind keine rechtmäßige Obrigkeit, sondern die rechtmäßige Obrigkeit, den deutschen Kaiser, der vormals vom Volke frei gewählt wurde, haben sie seit Jahrhunderten verachtet und endlich gar verraten."*[401]

---

[401] Büchner, Georg: Der hessische Landbote, in: Fritz Eycken (Hg.): Georg Büchner. Werke und Briefe, Frankfurt 2008, S. 13-23, hier S. 18.

5. Literaturverzeichnis

5.1. Quellen

Augustinus: De Civitate Dei, in: PL 41, Paris 1845.

Augustinus: Enarrationes in Psalmos, in: PL 36, Paris 1861.

Augustinus: Epistolae, in: PL 33, Paris 1865.

Concilio Meldensi Titulo LXXX, hg. v. Wilfried Hartmann, in: Die Konzilien der karolingischen Teilreiche (MGH Conc. 3), Hannover 1984, S. 130-131.

Flodoard von Reims: Flodoardi annales, hg. v. Georg H. Pertz, in: MGH SS 3, Hannover 1839 (ND 1963), S. 363-408.

Gerhard: Vita Oudalrici, in: Hatto Kallfelz (Übers.): Lebensbeschreibungen einiger Bischöfe des 10.-11. Jahrhunderts / Vitae quorundam episcoporum saeculorum X, XI, XII (Ausgewählte Quellen zur deutschen Geschichte des Mittelalters 22 = FSGA 22), Georg Waitz, Irene Ott u.a. (Ed.), Darmstadt 1973, S. 46-167.

Konrad (?): Vita Meinwerci Episcopi Patherbrunnensis / Das Leben des Bischofs Meinwerk von Paderborn (MGH SRG 59), hg. v. Franz Tenckhoff, Hannover 1921 (ND 1983).

Regino von Prüm: Reginonis Prumensis Libri Duo De Synodalibus Causis Et Disciplinis Ecclesiasticis / Das Sendhandbuch des Regino von Prüm (Ausgewählte Quellen zur deutschen Geschichte des Mittelalters 42 = FSGA 42), hg. u. übers. v. Wilfried Hartmann, Darmstadt 2004.

Ruotger: Vita Brunonis, in: Hatto Kallfelz (Übers.): Lebensbeschreibungen einiger Bischöfe des 10.-11. Jahrhunderts / Vitae quorundam episcoporum saeculorum X, XI, XII (Ausgewählte Quellen zur deutschen Geschichte des Mittelalters 22 = FSGA 22), Georg Waitz, Irene Ott u.a. (Ed.), Darmstadt 1973, S. 178-261.

Sacramentarium Gelasianum. Liber sacramentorum romanae ecclesiae ordinis anni circuli (Cod. Vat. Reg. lat. 316 / Paris Bibl. Nat. 7193, 41/56), hg. v. Cunibert Leo Mohlberg u.a., 3. verb. Aufl., Rom 1981.

Thangmar (?): Vita Bernwardi, in: Hatto Kallfelz (Übers.): Lebensbeschreibungen einiger Bischöfe des 10.-11. Jahrhunderts / Vitae quorundam episcoporum saeculorum X, XI, XII (Ausgewählte Quellen zur deutschen Geschichte des Mittelalters 22 = FSGA 22), Georg Waitz, Irene Ott u.a. (Ed.), Darmstadt 1973, S. 272-361.

Terstesse, Klaus: Das Leben des Bischofs Meinwerk von Paderborn. Erste deutsche Übersetzung der von Franz Tenckhoff 1921 herausgegebenen Vita Meinwerci, 2. überarb. Aufl., Paderborn 2009.

5.2. Literatur

Achter, Viktor: Die Geburt der Strafe, Frankfurt a. M. 1951.

Althoff, Gerd: Heinrich IV. (Gestalten des Mittelalters und der Renaissance), Darmstadt 2006.

Althoff, Gerd: Widukind von Corvey. Kronzeuge und Herausforderung (Helmut Beumann zum 23. Oktober 1992), in: FmSt 27 (1993), S. 253-272.

Balzer, Manfred: Zeugnisse für das Selbstverständnis Bischof Meinwerks von Paderborn, in: Norbert Kamp, Joachim Wollasch (Hg.): Tradition als historische Kraft. Interdisziplinäre Forschungen zur Geschichte des frühen Mittelalters, Berlin u.a. 1982, S. 267-296.

Bannasch, Hermann: Das Bistum Paderborn unter den Bischöfen Rethar und Meinwerk (983-1036) (Studien und Quellen zur Westfälischen Geschichte 12), Paderborn 1972.

Benrath, Gustav A.: s.v. „Buße V", in: TRE 7 (1981), S. 452-473.

Berndt, Guido M. (Hg.): Vita Meinwerci episcopi Patherbrunnensis – Das Leben Bischof Meinwerks von Paderborn. Text, Übersetzung, Kommentar (Mittelalterliche Studien 21), München 2009.

Berschin, Walter: Biographie und Epochenstil im lateinischen Mittelalter. I. Von der Passio Perpetuae zu den Dialogi Gregors des Großen (Quellen und Untersuchungen zur Lateinischen Philologie des Mittelalters 8), Stuttgart 1986.

Berschin, Walter: Biographie und Epochenstil im lateinischen Mittelalter. IV/2 (Quellen und Untersuchungen zur lateinischen Philologie des Mittelalter 12/2), Stuttgart 2001.

Beumann, Helmut: Methodenfragen der mittelalterlichen Geschichtsschreibung, in: ders.: Wissenschaft vom Mittelalter. Ausgewählte Aufsätze, Köln/Wien 1972, S. 1-8.

Bloch, Marc: Apologie der Geschichte oder der Beruf des Historikers, Peter Schöttler (Hg.), Wolfram Bayer (Übers.), Stuttgart 2002.

Brandt, Hans J., Hengst, Karl: Die Bischöfe und Erzbischöfe von Paderborn, Paderborn 1984.

Brühl, Carlrichard: s.v. „Servitium Regis“, in: LexMA 7 (1995), S. 1796-1797.

Brunner, Heinrich: Deutsche Rechtsgeschichte. II. Band (Systematisches Handbuch der deutschen Rechtswissenschaft, 2. Abt., 1. Teil, 2. Bd.), neu bearb. von Claudius Frhr. von Schwerin, Berlin [2]1928.

Büchner, Georg: Der hessische Landbote, in: Fritz Eycken (Hg.): Georg Büchner. Werke und Briefe, Frankfurt 2008, S. 13-23.

Buschmann, Arno, Wadle, Elmar (Hg.): Landfrieden. Anspruch und Wirklichkeit, Paderborn 2002.

Büttner, Jan Ulrich: Sünde als Krankheit – Buße als Heilung in den Bußbüchern des frühen Mittelalters, in: Cordula Nolte (Hg.): Homo debilis. Behinderte – Kranke – Versehrte in der Gesellschaft des Mittelalters (Studien und Texte zur Geistes- und Sozialgeschichte des Mittelalters 3), Korb 2009, S. 57-78.

Carbasse, Jean-Marie: Introduction historique au droit pénal, Paris 1990.

Coué, Stephanie: Hagiographie im Kontext. Schreibanlaß und Funktion von Bischofsviten aus dem 11. und vom Anfang des 12. Jahrhunderts (Arbeiten zur Frühmittelalterforschung 24), Berlin u.a. 1997.

Droysen, Johann G.: Briefwechsel. Bd. II, Rudolf Hübner (Hg.), Berlin 1929 (ND Osnabrück 1967).

Droysen, Johann G.: Historik. Vorlesungen über Enzyklopädie und Methodologie der Geschichte, Rudolf Hübner (Hg.), München [6]1971.

Droysen, Johann G.: Texte zur Geschichtstheorie. Mit ungedruckten Materialien zur „Historik", Günter Birtsch, Jörn Rüsen (Hg.), Göttingen 1972.

Duby, Georges: Histoire des mentalités, in: Charles Samaran (Ed.): L'Histoire et ses méthodes, Paris 1961.

Elbern, Victor H.: s.v. „Bernward. II. Kunstförderung", in: LexMA 1 (1980), S. 2013-2014.

Engels, Odilo: Der Reichsbischof (10. und 11. Jahrhundert), in: Peter Berglar, Odilo Engels (Hg.): Der Bischof in seiner Zeit. Bischofstypus und Bischofsideal im Spiegel der Kölner Kirche, Festgabe für Joseph Kardinal Höffner, Erzbischof von Köln, Köln 1986, S. 41-94.

Engels, Odilo: Der Reichsbischof in ottonischer und frühsalischer Zeit, in: Irene Crusius (Hg.): Beiträge zu Geschichte und Struktur der mittelalterlichen Germania sacra (Veröffentlichungen des Max-Planck-Instituts für Geschichte 93, Studien zur Germania Sacra 17), Göttingen 1989, S. 135-175.

Engels, Odilo: Das Reich der Salier – Entwicklungslinien (Zusammenfassung), in: Stefan Weinfurter (Hg.): Die Salier und das Reich 3. Gesellschaftlicher und ideengeschichtlicher Wandel im Reich der Salier, Sigmaringen 1991, S. 479-541.

Febvre, Lucien: La sensibilité et l'histoire, in: Annales d'histoire sociale 3 (1941), S. 5-20.

Fichtenau, Heinrich: Lebensordungen des 10. Jahrhunderts. Studien über Denkart und Existenz im einstigen Karolingerreich (Monographien zur Geschichte des Mittelalters 30,I), 1. Halbbd., Stuttgart 1984.

Fichtenau, Heinrich: Lebensordungen des 10. Jahrhunderts. Studien über Denkart und Existenz im einstigen Karolingerreich (Monographien zur Geschichte des Mittelalters 30,II), 2. Halbbd., Stuttgart 1984.

Finckenstein, Finck von: Bischof und Reich. Untersuchungen zum Integrationsprozess des ottonisch-frühsalischen Reiches (919-1056) (Studien zur Mediävistik 1), Sigmaringen 1989.

Fleckenstein, Josef: s.v. „Brun I.", in: LexMA 2 (1983), S. 753-755.

Fleckenstein, Josef: Die Hofkapelle der deutschen Könige. Teil 2: Die Hofkapelle im Rahmen der ottonisch-salischen Reichskirche (Schriften der MGH 16/II), Stuttgart 1966.

Gellinek, Christian: Was heißt Strafen?, in: ZRG GA 118 (2001), S. 385-386.

Giesebrecht, Wilhelm von: s.v. „Brun", in: ADB 3. Band, Leipzig 1876 (ND 1967), S. 424-429.

Goetting, Hans: Die Hildesheimer Bischöfe von 815 bis 1221 (1227) (Germania Sacra, Neue Folge 20, Die Bistümer der Kirchenprovinz Mainz, Das Bistum Hildesheim 3), Berlin u.a. 1984.

Glocker, Winfried: Die Verwandten der Ottonen und ihre Bedeutung in der Politik. Studien zur Familienpolitik und zur Genealogie des sächsischen Kaiserhauses (Dissertationen zur mittelalterlichen Geschichte 5), Köln u.a. 1989.

Goetz, Hans-Werner: Europa im frühen Mittelalter 500-1050 (Handbuch der Geschichte Europas 2), Stuttgart 2003.

Goetz, Hans-Werner: Proseminar Geschichte: Mittelalter, 3. überarb. Aufl., Stuttgart 2006.

Goetz, Hans-Werner: «Vorstellungsgeschichte». Menschliche Vorstellungen und Meinungen als Dimension der Vergangenheit. Bemerkungen zu einem jüngeren Arbeitsfeld der Geschichtswissenschaft als Beitrag zu einer Methodik der Quellenauswertung, in AKG 61 (1979), S. 253-271.

Grimm, Jacob, Grimm, Wilhelm: Deutsches Wörterbuch. Bd. 2 Biermörder-d, Leipzig 1860 (ND München 1984).

Haarländer, Stephanie: Hagiographie und urkundliche Überlieferung von Klöstern des 12./13. Jahrhunderts, in: Dieter R. Bauer, Klaus Herbers (Hg.): Hagiographie im Kontext. Wirkungsweisen und Möglichkeiten historischer Auswertung, Stuttgart 2000, S. 26-45.

Haarländer, Stephanie: Vitae Episcoporum. Eine Quellengattung zwischen Hagiographie und Historiographie, untersucht an Lebensbeschreibungen von Bischöfen des regnum teutonicum im Zeitalter der Ottonen und Salier (Monographien zur Geschichte des Mittelalters 47), Stuttgart 2000.

Haendler, Gert: Von der Reichskirche Ottos I. zur Papstherrschaft Gregors VII. (Kirchengeschichte in Einzeldarstellungen I/9), Leipzig 1994.

Hartmann, Wilfried (Hg./Übers.): Das Sendhandbuch des Regino von Prüm / Reginonis Prumensis Libri Duo De Synodalibus Causis Et Disciplinis Ecclesiasticis (Ausgewählte Quellen zur deutschen Geschichte des Mittelalters 42 = FSGA 42), Darmstadt 2004.

Hartmann, Wilfried: Probleme des geistlichen Gerichts im 10. und 11. Jahrhundert: Bischöfe und Synoden als Richter im ostfränkisch-deutschen Reich, in: La giustizia nell`alto medievo (secoli IX-XI) (Settimane di studio del Centro Italiano di Studi sull`Alto Medioevo 44), Spoleto 1997, S. 631-674.

Heffernan, Thomas J.: Sacred Biography. Saints and Their Biographers in the Middle Ages, New York-Oxford 1988.

Hilsch, Peter: Das Mittelalter – die Epoche, 2. durchges. Aufl., Konstanz 2006.

Holtzmann, Robert: 1. Kapitel. Das Reich und Sachsen, in: Wilhelm Wattenbach, Robert Holtzmann, Franz-Josef Schmale (Hg.): Deutschlands Geschichtsquellen im Mittelalter. Die Zeit der Sachsen und Salier 1. Das Zeitalter des Ottonischen Staates (900-1050), Darmstadt 1967, S. 4-83.

Holzhauer, Heinz: Das neue Bild vom alten Strafrecht, in: Rechtstheorie 32 (2001), S. 53-63.

Honselmann, Klemens: Der Autor der Vita Meinwerci vermutlich Abt Konrad von Abdinghof, in: WestfZs 114 (1964), S. 349-353.

Kallfelz, Hatto (Übers.): Lebensbeschreibungen einiger Bischöfe des 10.-11. Jahrhunderts / Vitae quorundam episcoporum saeculorum X, XI, XII (Ausgewählte Quellen zur deutschen Geschichte des Mittelalters 22 = FSGA 22), Georg Waitz, Irene Ott u.a. (Ed.), Darmstadt 1973.

Kamp, Hermann: Friedensstifter und Vermittler im Mittelalter (Symbolische Kommunikation in der Vormoderne), Darmstadt 2001.

Kaufmann, Ekkehard: s.v. „Buße", in: HRG 1 (1971), S. 575-577.

Kaufmann, Ekkehard: s.v. „Strafe, Strafrecht", in: HRG 4 (1990), S. 2011-2029.

Keller, Hagen, Althoff, Gerd: Die Zeit der späten Karolinger und der Ottonen. Krisen und Konsolidierungen 888-1024 (Gebhardt. Handbuch der deutschen Geschichte 3), 10. neubearb. Aufl., Stuttgart 2008.

Keller, Hagen: Pragmatische Schriftlichkeit im Mittelalter. Erscheinungsformen und Entwicklungsstufen. Einführung zum Kolloquium in Münster, 17.-19. Mai 1989, in: Hagen Keller, Klaus Grubmüller, Nikolaus Staubach (Hg.): Pragmatische Schriftlichkeit im Mittelalter. Erscheinungsformen und Entwicklungsstufen (Münstersche Mittelalterschriften 65), München 1992, S. 1-7.

Kéry, Lotte: Gottesfurcht und irdische Strafe. Der Beitrag des mittelalterlichen Kirchenrechts zur Entstehung des öffentlichen Strafrechts (Konflikt, Verbrechen und Sanktion in der Gesellschaft Alteuropas, Symposien und Synthesen 10), Köln u.a. 2006.

Kreuzer, Georg: s.v. „U., hl., Bf. v. Augsburg", in: LexMA 8 (1997), S. 1173-1174.

Köbler, Gerhard: Juristisches Wörterbuch, München [5]1991.

Köhler, Oskar: Das Bild des geistlichen Fürsten in den Viten des 10., 11. und 12. Jahrhunderts (Abhandlungen zur Mittleren und Neueren Geschichte 77), Berlin-Grunewald 1935.

Kroeschell, Karl: Deutsche Rechtsgeschichte. Band 1: Bis 1250, 13. überarb. Aufl., Köln u.a. 2008.

Kuchenbuch, Ludolf: Grundherrschaft im frühen Mittelalter (Historisches Seminar, N.F. 1), Idstein 1991.

Lamprecht, Daniel: De parochiale synode in het bisdom Doornik gesitueerd in de Europese ontwikkeling, 11de eeuw – 1559 (Verhandelingen van de koninklijke Academie voor wetenschapen, letteren en schone kunsten van België, klasse der letteren Jaargang 46, Nr. 113), Brüssel 1984.

Le Goff, Jacques: Le mentalités. Une Histoire ambigue, in: Jacques Le Goff, Pierre Nora (Hg.): Faire de l'Histoire. Nouveaux problèmes III, Paris 1974.

Liebs, Detlef: Öffentliches und Privatstrafrecht in der römischen Kaiserzeit, in: Jürgen Weitzel (Hg.): Hoheitliches Strafen in der Spätantike und im frühen Mittelalter, Köln 2002, S. 11-25.

Lotter, Friedrich: s.v. „Bernward. I. Leben; politisches und kirchliches Wirken:“, in: LexMA 1 (1980), S. 2012-2013.

Lotter, Friedrich: Die Vita Brunonis des Ruotger: ihre historiographische und ideengeschichtliche Stellung (Bonner historische Forschungen 9), Bonn 1958.

Lotter, Friedrich: Methodisches zur Gewinnung historischer Erkenntnisse aus hagiographischen Quellen, in: HZ 229 (1979), S. 298-356.

Merzbacher, Friedrich: s.v. „Bischof“, in: HRG 1 (1971), S. 439-446.

Müller, Daniela: Schuld und Sünde, Sühne und Strafe. Schuldvorstellungen der mittelalterlichen Kirche und ihre rechtlichen Konsequenzen (Schriftenreihe des Zentrums für rechtswissenschaftliche Grundlagenforschung Würzburg 1), Baden-Baden 2009.

Nagler, Johannes: Die Strafe. Eine juristisch-empirische Untersuchung, Leipzig 1918 (ND Aalen 1970).

Nehlsen, Hermann: s.v. „Buße (weltliches Recht)“, in: LexMA 2 (1983), S. 1144-1149.

Nehlsen, Hermann: Reaktionsformen der Gesellschaft auf Verletzung und Gefährdung von Gemeinschaftsinteressen in Spätantike und frühem Mittelalter bei den germanischen Stämmen. Ein Beitrag zur Strafrechtsgeschichte, in: Tiziana J. Chiuzi, Thomas Gergen, Heike Jung (Hg.): Das Recht und seine historischen Grundlagen. Festschrift für Elmar Wadle zum 70. Geburtstag, Berlin 2008, S. 759-781.

Nikolasch, Franz: s.v. „Buße (lithurgisch-theologisch)“, in: LexMA 2 (1983), S. 1030-1031.

Oedinger, Wilhelm F.: s.v. „Brun I.“, in: NDB 2. Band, Berlin 1955, S. 670-671.

Ott, Irene (Hg.): Ruotgers Lebensbeschreibung des Erzbischofs Bruno von Köln (MGH SRG N.S. 10), Unveränd. ND d. Ausg. 1958, Köln 1979.

Patze, Hans: Adel und Stifterchronik. Frühformen territorialer Geschichtsschreibung im hochmittelalterlichen Reich, in: BDLG 100 (1964), S. 8-81.

Pennington, Kenneth: s.v. „Bischof, -samt", in: LexMA 2 (1983), S. 230-233.

Ranke, Leopold von: Geschichte der romanischen und germanischen Völker von 1495-1535 (Historische Meisterwerke), Willy Andreas (Hg.), Hamburg 1957.

Rösener, Werner: s.v. „Villikation", in: LexMA 8 (1997), S. 1694-1695.

Santifaller, Leo: Zur Geschichte des ottonisch-salischen Reichskirchensystems (Österreichische Akademie der Wissenschaften, Philosophisch-Historische Klasse, Sitzungsberichte, Bd. 229, 1. Abhandlung). 2.Auflage, Wien 1964.

Schieffer, Rudolf: Der geschichtliche Ort der ottonisch-salischen Reichskirchenpolitik (Nordrhein-Westfälische Akademie der Wissenschaften; Vorträge; Geisteswissenschaften; G 352), Opladen/Wiesbaden 1998.

Schieffer, Rudolf: Der ottonische Reichsepiskopat zwischen Königtum und Adel, in: FmSt 23 (1989), S. 291-301.

Schild, Wolfgang: s.v. „Strafe, Strafrecht, C. Rechte einzelner Länder. I. Deutsches Recht", in: LexMA 8 (1997), S. 198-201.

Schlinker, Steffen: s.v. „Sühne, II. Rechtsgeschichte", in: LexMA 8 (1997), S. 297-298.

Schmale, Franz-Josef: Funktion und Formen mittelalterlicher Geschichtsschreibung. Eine Einführung. Mit einem Beitrag von Hans-Werner Goetz, Darmstadt 1985.

Schott, Clausdieter, Romer, Hermann: s.v. „Immunität“, in: LexMA 5 (1991), S. 390-392.

Schreiner, Klaus: „Grundherrschaft“. Entstehung und Bedeutungswandel eines geschichtswissenschaftlichen Ordnungs- und Erklärungsbegriffs, in: Hans Patze (Hg.): Die Grundherrschaft im späten Mittelalter 1 (Vorträge und Forschungen 27), Stuttgart 1983, S. 11-74.

Schubert, Ernst: Der Reichsepiskopat, in: Michael Brandt, Arne Eggebrecht (Hg.): Bernward von Hildesheim und das Zeitalter der Ottonen (Katalog der Ausstellung 1), Hildesheim u.a. 1993, S. 93-102.

Schwenk, Hans P.: Brun von Köln (925-965). Sein Leben, sein Werk und seine Bedeutung, Espelkamp 1995.

Schwenk, Hans P.: Brun von Köln (925-965) und seine Bedeutung im westfälisch-niedersächsischen Bereich, in: Niedersächsisches Jahrbuch für Landesgeschichte 67 (1995), S. 99-138.

See, Klaus von: Strafe im Altnordischen. Eine wortgeschichtliche Untersuchung, in: ders. (Hg): Königtum und Staat im skandinavischen Mittelalter, Heidelberg 2002, S. 135-151.

Sproemberg, Heinrich: 2. Kapitel. Niederlothringen, Flandern und Friesland, in: Wilhelm Wattenbach, Robert Holtzmann, Franz-Josef Schmale (Hg.): Deutschlands Geschichtsquellen im Mittelalter. Die Zeit der Sachsen und Salier 1. Das Zeitalter des Ottonischen Staates (900-1050), Darmstadt 1967, S. 83-162.

Stehkämper, Hugo: Brun von Sachsen und das Mönchtum. Erzbischof von Köln 953-965, in: Friedrich Knöpp (Hg.): Die Reichsabtei Lorsch (Festschrift zu Gedenken an ihre Stiftung 764, I. Teil), Darmstadt 1973, S. 301-315.

Struve, Tilman: s.v. „Meinwerk", in: LexMA 6 (1993), S. 475-476.

Struve, Tilman: s.v. „Vita Meinwerci episcopi Patherbrunnensis", in: LexMA 8 (1997), S. 1759.

Struve, Tilman: s.v. „Wormser Konkordat", in: LexMA 9 (1998), S. 336-337.

Tangl, Georgine: 5. Kapitel. Schwaben, in: Wilhelm Wattenbach, Robert Holtzmann, Franz-Josef Schmale (Hg.): Deutschlands Geschichtsquellen im Mittelalter. Die Zeit der Sachsen und Salier 1. Das Zeitalter des Ottonischen Staates (900-1050), Darmstadt 1967, S. 220-256.

Terstesse, Klaus (Übers.): Das Leben des Bischofs Meinwerk von Paderborn. Erste deutsche Übersetzung der von Franz Tenckhoff 1921 herausgegebenen Vita Meinwerci, 2. überarb. Aufl., Paderborn 2009.

Trusen, Winfried: Der Inquisitionsprozeß. Seine historischen Grundlagen und frühen Formen, in: ZRG KA 74 (1988), S. 168-230.

Veit, Walter: Toposforschung. Ein Forschungsbericht, in: DVjs 37 (1963), S. 120-163.

Vogel, Cyrille: s.v. „Buße (lithurgisch-theologisch)", in: LexMA 2 (1983), S. 1131-1135.

Vollrath, Hanna: Das Mittelalter in der Typik oraler Gesellschaften, in: HZ 233 (1981), S. 571-594.

Vorgrimler, Herbert: Buße und Krankensalbung (Handbuch der Dogmengeschichte 4/3), Freiburg i. Br. [2]1978.

Wadle, Elmar: Die peinliche Strafe als Instrument des Friedens, in: Johannes Fried (Hg.): Träger und Instrumentarien des Friedens im hohen und späten Mittelalter (VuF 43), Sigmaringen 1995, S. 229-247.

Wadle, Elmar: Landfrieden, Strafe, Recht. Zwölf Studien zum Mittelalter, Berlin 2001.

Weigand, R.: s.v. „Kanonisches Recht“, in: LexMA 5 (1991), S. 904-907.

Weitzel, Jürgen: Begriff und Gegenstand des frühmittelalterlichen Sanktionenrechts, in: Stefan Chr. Saar, Andreas Roth, u.a. (Hg.): Recht als Erbe und Aufgabe (Heinz Holzhauer zum 21. April 2005), Berlin 2005, S. 11-18.

Weitzel, Jürgen: Der Strafgedanke im frühen Mittelalter, in: Eric Hilgendorf, Jürgen Weitzel (Hg.): Der Strafgedanke in seiner historischen Entwicklung. Ringvorlesung zur Strafrechtsgeschichte und Strafrechtsphilosophie (Schriften zum Strafrecht 189), Berlin 2007, S. 21-35.

Weitzel, Jürgen: Strafe und Strafverfahren in der Merowingerzeit, in: ZRG GA 111 (1994), S. 66-147.

Wenskus, Reinhard: Über die Möglichkeit eines allgemeinen interdisziplinären Germanenbegriffs, in: Heinrich Beck, Johannes Hoops (Hg.): Ergänzungsbände zum Reallexikon der germanischen Altertumskunde. Bd. 1. Germanenprobleme in heutiger Sicht, Berlin/New York 1986, S. 1-21.

Willoweit, Dietmar: s.v. „Herr, Herrschaft“, in: LexMA 4 (1989), S. 2176-2179.

Willoweit, Dietmar: Programm eines Forschungsprojektes, in: ders. (Hg.): Die Entstehung des öffentlichen Strafrechts. Bestandsaufnahme eines europäischen Forschungsproblems (Konflikt, Verbrechen und Sanktion in der Gesellschaft Alteuropas. Symposien und Synthesen 1), Köln u.a. 1999, S. 1-12.

Wissmann, Hans: s.v. „Buße I", in: TRE 7 (1981), S. 431-433.

Wolfram, Herwig: Die Germanen (Beck'sche Reihe), 8. überarb. Aufl., München 2005.

Wolter, Heinz: Die Synoden im Reichsgebiet und in Reichsitalien von 916 bis 1056, Paderborn u.a. 1988.

Zielinski, Herbert: Der Reichsepiskopat in spätottonischer und salischer Zeit (1002-1125). Teil 1 (mehr nicht erschienen), Stuttgart 1984.

5.3. Abkürzungsverzeichnis

ADB		Allgemeine Deutsche Biographie
AKG		Archiv für Kulturgeschichte
AnalBoll		Analecta Bollandiana
BDLG		Blätter für deutsche Landesgeschichte
CCSL		Corpus Christianorum Series Latina
DVjs		Deutsche Vierteljahresschrift
FmSt		Frühmittelalterliche Studien
FSGA		Freiherr vom Stein Gedächtnisausgabe
HRG		Handwörterbuch zur deutschen Rechtsgeschichte
HZ		Historische Zeitschrift
LexMA		Lexikon des Mittelalters
MGH		Monumenta Germinae Historiae
	Conc.	Concilia
	SRG	Scriptores rerum Germanicarum in usum scholarum separatim editi
	SRG N.S.	Scriptores rerum Germanicarum, Nova series
	SS	Scriptores (in Folio)
ND		Neudruck
NDB		Neue Deutsche Biographie
PL		Patrologiae cursus completus, series latina, accurante J.-P. Migne
TRE		Theologische Realenzyklopädie
WestfZs		Westfälische Zeitschrift
ZRG		Zeitschrift der Savigny-Stiftung für Rechtsgeschichte
	GA	Germanistische Abteilung
	KA	Kanonistische Abteilung

***ibidem*-Verlag**

Melchiorstr. 15

D-70439 Stuttgart

info@ibidem-verlag.de

www.ibidem-verlag.de
www.ibidem.eu
www.edition-noema.de
www.autorenbetreuung.de

Zeitfracht Medien GmbH
Ferdinand-Jühlke-Straße 7
99095 Erfurt, Deutschland
produktsicherheit@kolibri360.de